青森県知事 三村申吾

長期政権の「光」と「影」

藤本一美

北方新社

目次

青森県知事　三村申吾

出典：『ようこそ知事室へ－青森県庁ウェブサイト』
https://www.pref.aomori.lg.jp/message

序文

私は２０１９年に入ってから、故郷の青森県五所川原市に数回足を運んだ。それは、１月の市議会議員選挙、４月の県議会議員選挙、そして６月の県知事選挙の動向と結果を調べるためであり、また７月には、参議院通常選挙が予定されており、その後、あるいは衆議院解散・総選挙が実施される可能性もあったからだ。２０１９年前半の故郷＝青森県は正に、他の都道府県と同様に、「選挙」の年であった。

実は私の知り合いも、市議会議員選挙と県議会議員選挙に出馬していたので応援に駆けつけた。幸い２人ともそろって勝利し、当選の祝杯を挙げて帰京した。統一地方選前半の戦いは、賑々しく展開されていたのを覚えている。これに対して、知事選挙の時には、街はしずまりかえり選挙カーからの声もあまり聞かれなかった。それは、現知事の三村申吾の勝利が確実視されていたからである。資料収集のため弘前市立図書館に出かけた際も、街は静寂そのもので、この状態は一体何かと訝った次第である。まるで、知事選挙は県民にとって、蚊帳の外の出来事かのように感じられた。しかし、それでは困るのである。何故なら、知事は県行政を司る最高責任者であり、知事の行動しだいで、県政の行方が左右される可能性があるからだ。それでは、知事職とは一体どういうものであるのか？

一般に、県知事という職制は県を統括し、これを代表する独任制の執行機関である、といわれている。県知事は、地方公務員法が適用されない特別職の地方公務員で、日本国憲法下では、「地方公共団体の長」

と位置づけられている。また県知事は、議決機関である県議会議員と同じく、住民の直接選挙によって選出されるので、県議会議員と県知事とは対等の関係にある。

県知事の権限を眺めると、強力でかつ範囲も広い。地方自治法の下では「首長制（大統領制）」が採用され、知事と県議会との関係についても、米国の大統領のそれにかなり類似している。実際、県知事の主要な権限を列挙するなら、議会を解散する権限、条例案に対する拒否権、予算の調整と執行、人事権、地方税の賦課、専決処分権限、議案の提案、会計の監督、および組織に関する総合調整権など広範囲におよんでいる。だから、仔細は知らないが、知事職にまつわる「利権」も少なくなかろうと、想像をたくましくする。

周知のように、戦前の日本では、県知事はすべて「官選」によるものであった。しかし、日本が先の戦争で敗れた後、連合国の占領下における「民主化」の一環として１９４６年９月、府県制および東京都制が改正され、県知事を住民の直接投票で選挙する「公選制」が導入された。最初の公選による知事選挙は、１９４７年４月５日に行われ、それは、改正された道府県制および東京都制に基づくもので、１ヵ月後の５月３日、日本国憲法と地方自治法が施行されるや、４月に公選された知事は、そのまま地方自治法による県知事に移行したのである。既述のように、地方自治法の下では、県知事と県議会議員をともに有権者の直接選挙で選出する「二元代表制」を制度の根幹に据えている。

さて、本書で取り上げる青森県知事の三村申吾（１９５６年４月16日～）は、民選知事として６代目にあたる。三村は、青森県南部地方の上北郡百石町に生まれた。三村家は土木建業を生業（なりわい）としており、それを基盤に祖父の泰右と父の輝文はともに県議会議員を務めた「政治家一家」で、申吾はいわゆる〝世襲議員〟の一人である。申吾は地元の中学校を卒業した後、県立八戸高校を経て、東京大学文学部国文科に進学、卒業後は出版社の「新潮社」に入社した。同社では、文芸編集に携わっていたが、その後、地元の百石町に戻り、一族が経営する土木建築会社の三村興業社に務め代表取締役に就任した。

三村申吾は１９９２年、父も務めた百石町長選に出馬して当選、そして4年後の１９９６年には、衆議院総選挙に転じて出馬したものの、惜敗を余儀なくされた。しかし、２０００年に再び衆議院総選挙に出馬し見事に当選を果たした。ただ、２００３年には衆議院議員の職を退き、県知事選に出馬して初当選。その後、連続数回にわたり知事選で勝利し、２０１９年6月の知事選において、県政史上初の5期目の当選という偉業を達成。現在、知事在任17年に入り長期政権を堅持している。

三村は腰が低く、いわゆる「セールスマン」知事として県民の間で人気を博している一方で、長期政権に対する批判も少なくない。確かに、三村知事は、これまで県の債務減少・行財政改革、企業誘致・雇用増大、攻めの農業水産、観光産業、および原子力・エネルギー政策などの分野で一定の業績を上げてきた。しかし過去には、住民の意思を無視する形でつがる市（車力自衛隊基地）に米軍の「Xバンドレーダー」を設置したし、また、県議会では一族企業の三村興業社へ利益誘導を図ったのではないか、と批判されたことがある。

すなわち、２０１０年9月、県議会で百石漁港の工事受注に関して三村申吾知事の一族が経営する三村興業社の異常な受注率の高さが取りざたされた。公共事業を身内の企業に受注させ、その利益を懐に入れたのではないかと問われ、大きな問題となった。三村知事は、県民の批判を受けて同社の株式を無償で譲渡したが、２０１２年には、三村興業社が使用済み核燃料再処理業者の日本原燃から工事を受注していた事実も発覚した。三村は、一貫して国に対し使用済み核燃料再処理の継続を求めており、日本原燃と三村興業社との利害関係の構造が見え隠れしたのは否めない。このような事実は、三村知事が「土建屋」出身だから、公共事業を意のままにしやすくなるということなのか？　もし、県民の税金をそのように利用していたとするならば、遺憾なことである。

それだけではない。留意すべきは、知事として三村申吾はすでに４期16年以上も長期間にわたり県政を支配し、今や5期目に突入している現状を、県民は一体どのように認識しているのであろうかと疑問が湧く。三村が知事として、長期にわたり政権を維持している要因は一体何であるのか？　それが本書を執筆する最大の理由の一つであり、三村自身の政治経歴と言動から真意を探ってみたい。一般的に、５期20年といえば、人が生を受けて成人に達する年齢である。長期政権は必ず腐敗するというのが政治の鉄則で、例えば、米国の大統領三選禁止や州知事の多選禁止を想起すべきである。もちろん、「多選知事」は全国各地に存在するし、ケースバイケースだという意見もないわけでない。とはいえ、県民にとって、県の行政最高責任者たる知事が5期にわたって多選されている事実は、安易に看過できる問題ではないだろう。

本書では、２０１９年6月の知事選で5回目の勝利を手にした三村申吾のこれまでの経歴、選挙戦、選挙公約、および政策提言を概観した上で、三村県政４期16年を「正(プラス)」と「負(マイナス)」の遺産とに分けて検証し、三村県政の光と影の側面を明らかにしたい。事実関係については、よく吟味したつもりであるが過ちがあったなら、正しいものに訂正していきたい。多くの読者による御批判をいただければ幸いである。

２０１９年10月１日

藤本　一美

第一章、三村申吾の歩み

出典：『現職知事一覧／全国知事会ホームページ』
http://www.nga.gr.jp/chiji/gensyoku.html

〈図表①〉 三村申吾関連年表

- 1956年4月　上北郡百石町に生まれる
- 1971年3月　百石町立百石中学校卒
- 1974年3月　県立八戸高校卒
- 1981年3月　東京大学文学部卒
- 1981年4月　新潮社・入社
- 1987年4月　三村興業社・入社
- 1992年2月　百石町長・当選
- 1996年10月　衆議院総選挙・落選
- 2000年6月　衆議院総選挙・当選
- 2003年6月　県知事選挙・当選
- 2007年6月　県知事選挙・再選
- 2011年6月　県知事選挙・3選
- 2015年6月　県知事選挙・4選
- 2019年6月　県知事選挙・5選

出典：『三村申吾オフィシャルサイト』
www.gogo-shingo.jp

第1節、はじめに

青森県の戦後6代目の民選知事である三村申吾は、1956年4月16日、青森県南部地方の上北郡百石町に生まれた。百石町立百石中学校、八戸高等学校を経て、東京大学文学部を卒業後、出版社の「新潮社」に入社。新潮社では、主として文芸編集畑を歩んだ。1987年故郷に帰り、生家が経営する土木建築業の「三村興業社」に入社、1990年には代表取締役に就任した。その後、1992年、百石町長選挙に出馬して初当選。この時、弱冠35歳で、全国最年少の首長だった(1)。

1996年10月、三村は百石町長を辞職、新進党公認で衆議院総選挙に青森第2区から出馬した。しかし、自民党公認の江渡聡徳に765票の僅差で敗れた。その後、新進党解党に伴い、「無所属の会」に入党。2000年の衆議院総選挙では、無所属の会公認で青森第2区から再出馬し、前回惜敗した自民党の江渡聡徳を破って、初当選を遂げた。時に40歳で国会の赤じゅうたんを踏んだ。衆議院議員時代の2001年、内閣総理大臣指名（以下、首班指名と略）選挙に際し、自民党総裁の小泉純一郎に投票するなど、野党議員でありながら自民党寄りの姿勢を鮮明にして注目された。

だが、三村はわずか3年余りで衆議院議員の座を捨て去り、２００３年6月、木村守男の知事辞職に伴う県知事選に自民党・公明党・保守新党3党の推薦を得て出馬、民主党の横山北斗らを破り初当選した。47歳という若い知事の誕生であった。その勢いを借りて、三村は２００７年の県知事選で再選、続いて、２０１１年の知事選でも3選、そして、２０１５年6月の県知事選では、社民党・共産党の社共共闘による推薦候補を大差で破り、県政史上3人目の4選を果たした。[2] さらに、２０１９年6月の知事選では、ついに県政史上初の5回目の当選をなしとげ、今や盤石な態勢を誇っている。

本章では、青森県における第6代の民選知事である三村申吾の経歴を踏まえて、「政治家」としての足跡を辿ることを目的としている。論述は、三村が経験した各種の選挙戦＝町長、衆議院総選挙、および知事選挙を中心に、その戦いぶりを検討する。ただ、三村の政治家としての評価の方は、今日現在も、知事職を務めている最中なので限定的にならざるを得ない。

第2節、町長時代

三村申吾は1956年4月16日、元百石町長で県議会議員である三村輝文の長男として百石町に生まれた。祖父の泰右は百石町議を経て青森県議を5期務め、1964年から1965年には議長に就任。また、父の輝文は明治大学政経学部を出て、同大学大学院で学び、1967年、百石町長に当選、これを5期20年も務めた上で、その後県議に転じて当選、6期務めたことからも明らかなように、三村家は、まぎれもなく「政治家」一族であった。(3)

こうした環境のなかで育った申吾は、地元の名門である県立八戸高校を経て、東京大学文学部で国文学を学んだ。1981年、新潮社の出版部に勤務したものの、6年後には家業を継ぐため退社して故郷に戻り、1987年、土建業の三村興業社に勤務し、1990年には、同社の代表取締に就任した。会社勤務の合間に政治家としての見習いをしていた、という。(4)

1992年2月2日、百石町の町長選挙が行われた。これは、三村官左衛門町長の死去に伴うもので、1月28日に告示、2月2日に投票が行われた。開票の結果は、新人で会社役員の申吾が3073票を獲得、同じく新人で前町議の西舘芳信（３００３票）に僅か70票の差をつけて初当選。投票率は、激戦を反映して84・６％と極めて高かった。(5)

三村申吾は、元町長で県議の三村輝文の長男であったので知名度・看板は抜群で、政治資金にも苦労することなく、祖父と父親が築き上げた地盤を継承した。選挙戦では、町の二大派閥である官左衛門派と輝文派との激突となり、国会議員系列の県議も入り乱れての選挙戦となった。だが、三村候補は「若さと信頼」をキャッチフレーズに支持を広げ、町民は三村町長の未知数の魅力に将来を託した。この当時申吾は35歳にすぎず、若き町長の誕生は大きな話題を呼んだ。国内・県内では最年少町長であったからだ。(6)

三村申吾は政治家になった理由を、新潮社時代に「仕事の関係で、平松守彦・大分県知事と知り合い、政治を考えるきっかけとなった」と語っている。「平松知事から故郷に帰って故郷のために尽くすべきだ」と言われ、「漠然と考えていた政治の世界が身近なものになったような気がする」、と吐露している。ただ、三村家の家系からすれば、早晩、申吾が政治の世界に足を突っ込むのは、ある意味で至極当然であったように思える。この辺の事情を申吾は、「親子で政治家になっていいものか、すごく悩んだ。しかし、公共の福祉のために役立たねばならないと、支持者たちから説得されているうちに〝血〟が騒いできた」、と語っている。(7)

三村申吾が町長に就任した百石町（現・おいらせ町）は、八戸市と三沢市の中間に位置する交通の要衝地で、古くから商業と農業の町として栄えてきた。近年では、「将棋の町」として知られ、大山康晴15世名人の将棋記念会館があり、町起こしの中心として毎年全国将棋祭りを開催している。父の三村輝文町長時代に、大山15世名人の座像を乾隆して全国に名を売ったのだ。(8)

第3節、衆議院時代

三村申吾は1996年10月20日の衆議院総選挙に、新進党公認で青森第2区から出馬した。選挙戦は、新人同士の争いとなり、最後までもつれこんだ。結果は、自民党新人の江渡聡徳が6万3672票を獲得して接戦を制した。新進党新人の三村は6万2907票獲得したものの、わずか765票の僅差で敗退。三村は、祖父と親譲りの組織をフル回転して善戦した。だが、きめこまやかな組織づくりが若干遅れ、自民党の組織力の前に半歩及ばなかった。(9)

選挙戦の過程で一時、三村は江渡を6千票あまりリードしていた。しかし、最終的に逆転され敗退を喫した。寸差で敗れた三村は、選挙事務所で「今日の身の春を歩いてしまいけり」と与謝野蕪村の句を引き合いに出し、「常に全力で歩いて来た。支持者のみなさんのおかげで、いい道を歩ませてもらった」と自身の戦いに悔いがなかったことを強調し、「これを道の区切りとして、信じる正しい道をさらに歩みたい」と述べて、接戦で勝利できなかった悔しさをにじませ、次回の衆議院総選挙に勝利を期する強い意欲を見せた。(10)

越えて2000年6月25日、政権選択を最大の争点にした衆議院総選挙が行われ、三村は再び第2区で無所属の会から出馬、8万338票を獲得して初当選を果たした。自民党前職の江渡は7万4118票で、その差は6220票差と開き三村の完勝であった。衆議院解散の時点で自民党が4議席を占めていたものの、三村はその一角を崩したのだ。その背後には、3年8ヵ月の雌伏をバネにした三村のこまめな集票活動があり、それが結実したのである。[11]

選挙戦では、前回の落選直後から選挙区内を隅から隅まで歩いた三村陣営が先行した。三村は、無所属の会の田名部匡省・参議院議員と一緒に、草の根選挙を展開。三沢市長の鈴木重令の反・江渡発言や十和田市の反・江渡市議団の支援を追い風に、地元の百石町、下田町、および六戸町で多くの支持者を獲得した。さらに、民主党、公明党との選挙協力や無党派層の票も加え、自民党批判を一気にまとめあげた。三村が勝利した最大の要因は何よりも、全県全体の平均では61・04%に留まった投票率の行方である。激戦を反映して、青森第2区では、70・57%（前回比で6・08ポイント増）と高まった。これで、三村は無党派層からも大きな支持を得ることができたのである。[12]

『東奥日報』は「社説：新世紀の展望を開く使命感を」の中で、今回の総選挙の結果を次のように報じた。

「本県では県内4つの小選挙区に5党から14人が立候補し、国政レベルと同様〝自民対民主〟を中心とした戦いを展開した。自民党が木村県政与党に転じてから初の国政選挙となったが、自民党が4議席独占を果たして引き続き県政の主導権を握るのか。それとも民主党を中心とした非自民勢力が〝自民王国〟の一角を突き崩すことになるのか、最激戦区の2区が焦点となった。結果は、非自民勢力の新人三村申吾氏が自民前の江渡聡徳氏を破り、自民党の4議席独走を阻止した(13)」。

第4節、知事時代

２００３年6月29日、女性問題に端を発した木村守男前知事の辞職に伴い知事選挙が行われることになり、４人が立候補した。選挙の結果は、無所属の三村申吾が29万６８２８票を獲得、同じく無所属で大学教授の横山北斗（27万６５９２票）を２万２３６票の差で破り初当選した。当選者と次点との票差は、戦後青森県の知事選史上では最小で、見事、知事選で勝利した三村は弱冠47歳の若さを誇り、県史上最年少の知事であった。こうして三村は、百石町長、衆議院議員、および県知事という具合に、いわば〝三段跳び〟で転身をはかったわけである。(14)

選挙戦は事実上、三村と横山との一騎討ちとなった。秋に予定されている衆議院解散・総選挙をにらんで、自民党対民主党という与野党の対決構図を背景に、県政最大の課題である財政再建方策や今後のかじ取りを託す〝知事の資質〟が鋭く問われた。

自民党は、出馬声明からわずか１ヵ月という三村の知名度不足を補うため、中央から党3役をはじめ閣僚級の大物政治家を投入、職域に縛りをかけるなど党営選挙に徹し、中盤までの劣勢を総力戦で巻き返した。[15]

三村は、佐々木誠造青森市長の擁立に失敗した自民党からの要請を受けて出馬したので、党営選挙並みの強力な支援を受け、百石町長や衆議院議員の経歴を前面に出して、県政の安定を強く訴え、郡部中心に組織票を固めた。だが、選挙戦の前半では、三村がこれまで2度にわたり自民党公認候補と衆議院総選挙を戦った経歴や、佐々木市長の不出馬を招いた党内の不協和音、また党県連が木村知事の不信任決議に動いたことなどが党組織の足かせとなった。しかし、中盤以降、自民党内はなんとかまとまり、本来の組織力を発揮し、最後は逆転に成功して知事の座を射止めた。時に、三村は47歳であった。[16]

『東奥日報』は「社説：新知事の手腕に期待したい」の中で、今回の知事選挙について次のように報じた。

「新しい知事は三村申吾氏に決まった。47歳という若い知事の誕生である。1年生知事にとっては重すぎるほどの課題を背負った船出となるが、斬新で柔らかな発想を持って立ち向かい、本県の新しい時代を切り開いてほしい」、と要望した。

その上で、「今年1月に行われた知事選の直後に木村守男前知事の女性問題が報道された。それから半年、これほど情けない問題で県内が揺れ続け、県政の足かせとなった例は過去にあっただろうか。県住宅供給公社の14億円横領事件などと相まって、県内の誇りと自信はずたずたにされたのである」と苦言。

最後に「1日も早くこれを回復させることこそ、新知事の最初の仕事であろう。本県のすばらしさ、県民の力を、もう一度県内外に発信してもらいたい」、と結んだ。[17]

それから4年後、任期満了に伴う知事選挙が２００７年6月3日に行われた。無所属で現職の三村は

35万1831票という圧倒的得票数で他の2人の候補者を下して、再選された。選挙戦は六ヶ所村の核廃棄物再処理工場の本格操業や、2010年の東北新幹線新青森駅開業、全国で最低水準にある雇用問題、地域医療の立て直し、および都市部と地方をはじめとする各分野での格差是正など県政の課題が山積する中で、三村県政1期4年間の是非が問われた。[18]

だが、今回の知事選では、民主党の不戦敗、社民党も自主投票を決め、前回のような保守対決の構図にはならず、また各候補者の主張もかみ合わなかった。そのため、現職の三村知事の「信任投票」といった色彩が濃く、選挙戦は終始盛り上がりを欠いた。

三村は行財政改革や攻めの農林水産業など、1期4年間の成果を強調し、その上で行財政改革の推進、向う4年間で農林水産物の輸出倍増、ガン対策先進県などの公約を掲げて「ステップアップ」を訴えた。また三村を推薦した自民党が組織戦を展開するなど、厚い支持基盤に支えられ、現職の強みと知名度を生かし、優勢なうちに勝利を手にした。[19]

『東奥日報』は「社説：〝負の連鎖〟を断ち切る県政を―知事に三村氏再選」の中で、今回の知事選の特色を次のように報じた。

「勝敗は、政策の優劣によるというより、組織・選挙態勢の優劣で決した感もある。各候補の主張もあまりかみ合わない。盛り上がらない選挙戦は、投票率に明確に表れた」と指摘。その上で「保守が激突せず、前回最低だった8年前の47・46％を大きく下回る38・45％。衝撃的な低さだ。有権者の5人に3強が、県政のかじ取り役を選ぶ大事な権利を使わない。とても残念だ」、と懸念を示した。[20]

さらに4年後、任期満了に伴う知事選挙が、2011年6月5日に行われ、自民党、公明党が推薦する無所属で現職の三村申吾は34万９２７４票を獲得、民主党、国民新党が推薦した無所属新人で元県議の山内崇（８万３３７４票）に26万５９００票の大差をつけて３選された。

三村知事は、全県的組織を有する自民党、公明党の全面的な支援をバックに、盤石な態勢で選挙戦に臨み、県債残高の減少、戦略的企業誘致、および医師確保など２期８年の実績をアピールして圧勝した。

選挙戦では、東日本大震災からの復旧や原子力政策の在り方などが主な争点となったものの、候補者同士の主張の違いは明確にされず、現職の三村が、元県議の山内崇、共産党県書記長の吉俣洋を大差で破り、３選を果たした。(21)

三村知事は、収支均衡予算の実現をはじめとする行財政改革、２００社におよぶ企業誘致と増設、県産品のトップセールスなどといった実績を強調。また、原子力政策については、独自の「検証委員会」を設置して安全性を確保すると表明。さらに、震災からの復興に関して「最大の責務は県民の生命と財産を守り抜くこと。危機の時こそぶれることのない政策実行が必要」だと訴え、三村政権継続への理解を県民に求めた。(22)

『陸奥新報』は「社説：公約実現で県政の課題解消を―三村氏３選」の中で、今回の知事選を次のように総括した。

「県知事選で、自民・公明推薦の現職三村申吾氏が民主・国民新推薦の山内崇、共産党公認の吉俣洋の両新人に大差をつけて３選を果たした。三村氏は行財政改革や企業誘致など２期８年の実績を訴えたほか、県民に不安が広がる原子力施設の安全性についても県独自で検証する方針を強調し、県内全域で幅広い支持を集めた」と指摘。その上で、「有権者の審判は表面上、県政刷新より現県政の継続を選択した格好だが、内実はそうでもないことは低調な投票率を見れば一目瞭然である」、と結んだ。[23]

任期満了に伴う第20回県知事選挙が、２０１５年６月７日に行われた。自民党、公明党が推薦する無所属で現職の三村知事は35万５９１４票を獲得、共産党、社民党が推薦する、無所属新人の大竹進（12万７５２５票）に22万８３８９票の大差をつけて４選された。

三村はすでに、前年２０１４年11月に出馬を表明していた。自民党県連の推薦を受けて、過去３回の選挙戦と同じく支援態勢を構築し、公明党や後援会組織を加えた組織戦を展開、高い知名度を十分に生かして選挙を戦い、終始リードを保ちながら市町村長らの全面的な支持を得て勝利した。

三村は４選を果たしたが、戦後の歴代知事の中で４選されたのは、故竹内俊吉（在任期間１９６３～７９年）、故北村正哉（１９７９～９５年）に続いて３人目である。[24]

選挙戦は１９７９年以来36年ぶりの一騎打ちとなり、３期12年の三村県政に対する評価、人口減少対策、および地方創成が大きな争点となった。こうした中で、三村は県政史上初めて県債務残高を減少させた行財政改革、企業誘致・増設、新産業育成などによる雇用創出、および東北地方10年連続トップの農業産出額に示される「攻めの」農林水産業を強調した。三村知事は、自民党県連と公明党からの推薦を受けた他に、多くの市町村長、業界団体からの支持を集め万全な構えで選挙戦に臨み、勝利を手にした。[25]

４期目の当選を果たした三村知事は、記者会見の席で、次のように質問に答えている。

―原子力政策はどう進めるのか。

「火力、再生可能なエネルギー、原子力などのベストミックスを図ることが現実的な考え方。原子力規制庁の判断を注視し、安全に関することはしっかりと申し上げていきたい」。

―多選批判にどう答える。

「選挙は自分を鍛える場だが、やるべきことはまだある。もっと働けという叱咤激励(しったげきれい)をいただいた。最大の努力、成果を目指して頑張れ、という声が多かったと感じた」[26]。

『東奥日報』は「社説：地方再生のかじ取り役を―三村県政4期目へ」の中で、今回の知事選を次のように総括した。

最初に、「36年ぶりの一騎打ちとなった知事選は、向う4年間の県政のかじ取り役を選ぶ重要な選挙にもかかわらず、最後まで盛り上がりを欠いた」と批判し、その上で「自民党県連と公明党の推薦を受けた現職の三村申吾氏が35万5９１４票を獲得し4選を果たした。財政健全化、企業の誘致・増設、攻めの農林水産業など3期12年の実績を強調するとともに、知名度と組織力を存分に生かしての圧勝だった」、と結んだ[27]。

県議会は２０１５年3月13日、『議会広報紙』の発行を決定、第1号で9月の第２８３回定例会の模様を「あおもり県議会だより」として刊行。その中で、三村知事が無所属の古村一雄議員の質問に対して、次のように答えたことを紹介している。

―知事は、先の知事選挙に当たっての選挙公報に「初心を忘れずに」と記載しているが、知事の初心とはいかなるものか。

――「常に県民の目標、生活者の視座に立ち、すべては青森県民のため、ふるさと青森の再生・新生のために、身を捨てる覚悟をもって、県政の諸課題の解決に愚直に一歩一歩前進していくことを心に誓い、これまで12年間、全身全霊を傾けて努力を続けてきた」[28]。

第5節、おわりに―「政治家」三村申吾

すでに述べたように、三村申吾は見事知事選で4選を果たした。しかし、三村の前には、問題が山積していた。実際、急速に進む人口減少、医師不足、および産業・雇用など課題が目白押しで、ことに、〝地方消滅〟の危機が問われる中で、人口減対策は緊急の課題であり、長期的戦略と同時に、実効性のある施策が必要であった。三村は4度県政のトップの座を引き受けた以上、県民の前で、実効性と指導力が強く求められた、といわねばならない[29]。

三村はよく「人以外、何でも売って歩いている青森ですよ」、と冗談めかしに語ることが多い。実際、三村は2003年6月の知事就任後、「総合販売戦略課」を設立、〝攻め〟の農林水産業をキャッチフレーズに、青森県産の農産物を国内外に売り込んできた。しかし、三村知事の温和な笑顔とは裏腹に、青森県が置かれている現状はかなり厳しい。例えば、基礎的財政収支（プライマリーバランス）の赤字幅にしても、県の借金を表す（国の財源不足で地方交付税を支払えないため、将来の交付税で国が元利を支払う臨時財政対策費を除く）県債残高は1兆2746億円（2007年9月末）と一般会計予算の1・8倍とい

う水準であった。しかし、2011年度には、528億円まで抑えた基礎的財政収支を実現し、県債発行額を除いた歳入と県債の元利償還を除いた歳出の収支がようやく均衡するところまできた。有効求人倍率も0・47（2007年）と全国最低レベルだったが大きく改善され、さらに、使用済み核燃料の再処理工場という本県特有の難題も抱えていたが、安全を確認の上で促進を決断した。

確かに、三村は、「セールスマン知事」として成功を収めた政治家である。その点は評価されてしかるべきである。三村の温厚な態度と風貌は人に安心感を与えているし、ソフトなタッチで行政を切り盛りしている姿は好感がもてる。三村の性格の良さが出ている、といってよい。妻の三千代は、東大時代の同級生で、日本神話の研究者であり、現在、八戸短期大学の客員教授を務めている。夫婦仲もよさそうである。[30]

三村は、自らの性格を「長所は柔軟な発想。決断したことをきちんとやる。短所はせっかちで落ち着きがない」と評している。そういえば、知事は常にそわそわしているように見えるのは、そのせいなのか。また、自分のことを、〝ザックバラン〟だと自己分析、記者会見の席での対応がそれを物語っている。[31]

三村の信条は、「継続は力なり」である。だから、知事職を長期間にわたり務めているのであろうか。そして、三村の望むことは「地域・地方がよくならなければ、日本はよくならない」をモットーに、常々「小さな政府、大きな地方主権」の確立をめざし続ける、と語っている。[32]

実際、2000年6月の衆議院総選挙に出馬した段階で、自らの政治理念を次のように説明した。すなわち〝大きな地方を開く〟と題して十和田市役所前で、次のような演説をぶった。今にしてみれば、すでに県知事への就任を意識したかのような高邁な選挙公約である。

「日本は国民によって成り立ち、特定の政党に支配される国家ではない。青森の豊かさを実感でき、幸せを感じられる地域にしていくための政治の在り方に変えていく。〟小さな政府、大きな地方主権〟の時代を21世紀に向けて開いていきたい。権限、財源、人間を地域に活用する分権、分財、分人を進め、地域の人がよりよい人生を送っていける政治の体系を整えて行く[33]」。

ただ、気になることが一つある。それは、三村は果たして4年後に5選を目指して、再び知事選に挑戦するのであろうか、という点である。２０１５年の段階で、59歳の若さである。4年後の２０１９でも63歳で、十分に知事職をこなせる年齢だ。しかし、よくいわれるように、権力の座に長くいると、堕落するのが政治学の定説だ。16年間も知事を務めたなら、それで良しとした方が得策だとも思われる。ただ、本人が出馬したいというのであれば、阻止できない。結果は、県民の良識と判断に委ねるしかない。そういえば、父の輝文も百石町長を5期連続して務めたが、これを踏襲しようというわけではないだろう。

〈図表②〉に見られるように、これまで三村申吾が知事選で獲得した票は、ほぼ安定して30万台をキープしており、得票率も高い。だから、今後よほどの不祥事でも生じない限り、知事選で簡単に敗れることはなさそうだ。ただ、投票率の急激な低下は、形を変えた現職知事への一種の批判の証しなのかもしれないので、留意すべきである[34]。

〈図表②〉　最近5回の知事選における投票率、当選者得票数、得票率、当選者

施行日	投票率（％）	当選者得票数	同得票率（％）	当選者
２００３年６月26日	５２・４６	29万６８２８	４８・３０	三村申吾
２００７年６月３日	３８・４５	35万１８３１	７９・８１	三村申吾
２０１１年６月５日	４１・５２	34万９２７４	７４・５３	三村申吾
２０１５年６月７日	４３・８５	35万５９１４	７３・６２	三村申吾
２０１９年６月２日	４０・０８	32万９０４８	７５・７４	三村申吾

出典：『東奥日報』２０１５年６月８日、２０１９年６月３日

三村知事は、２０１５年12月30日、年末恒例の新聞社の共同インタビューに応じて次のように語っており、自らの実績をアピールして４選を果たした自信が伺われた。

―今年を振り返ると。

「セブン―イレブンの初出店、県産リンゴ販売額１０００億円と輸出３万トン達成、県産ホタテガイ生産額１６０億円超、子牛取引が過去最高のほか、県産米の新品種『青天の霹靂』も多くの支持をいただいた。明るい話題が多い年だった」。「本県の地域資源を生かしていきたいということが知事就任以来の思いだ。『点』だった地域資源がこれまでの種をまいてきたことにより『線』『面』になって花開いた1年だったと思う[35]」。

三村は、それから4年経過した2019年6月2日の知事選に、5選を目指して出馬して勝利した。32万9048票を獲得し、対立候補であった佐原若子（10万5466票）の知名度が低いことと組織力の弱体も手伝って、22万余票と圧倒的票差で退けて県政史上初めて5回目の当選を果たした。時に63歳であった。[36]

記者会見の席で、三村は「全力で仕事をし、積み重ねで5選となった、青森をつぶさない。仕事でしっかり示していきたい」と、当選の喜びを語った。[37]

ただ、多選については、『陸奥新報』が「解説：信任　十分とは言い難く」の中で次のように懸念を示した。

「三村氏の得票には一定の消極的選択が交じることが確かだ。本県知事として初の5選を果たしたが、〃多選は停滞を招く〃といった批判を跳ね返すためにも、これまで以上に真摯な姿勢が不可欠だ[38]」。

三村はこれまで、町長選1回、衆議院選2回、および知事選5回と選挙に都合8回出馬して、結果は7勝1敗という高成績である。結論を先にいうなら、この間、三村が展開した政策提言は、多様で高邁な〃理念が先走っており〃、それが上手く作用した場合には、プラス（正）の結果を生み出している。だがしかし、それが、県民やマスコミに理解されない時にはマイナス（負）に作用しているように思われる。それはまた三村の政治家としての限界点でもある。

後述するように、三村は「選挙公約」での約束を踏まえ多様な政策提言を行い、きめ細かな現実的な行政を展開しており、それなりに県政が回ってきたことは間違いない。[39] 三村が促進してきた政策提言の良しあし、つまり正負の判断は、現在知事に在職中なので割愛する。さしあたり、第八章の三村県政４期16年の検証を参照されたい。

なお、２０１２年に公開された、２０１１年度の三村の知事給与は１３９６万円で、全国の知事の中で平均以下に留まっていたし、２０１６年度は１４５１万円で全国最低であった。また、２０１８年度の所得は１８０９万円（全国平均１９５７万円）に過ぎず、単に県職員にのみ節約を迫るだけでなく、知事自らその先頭に立っている姿が垣間見られる。[40] ちなみに、２０１８年度の知事交際費の執行状況は図表③の通りである。副知事の分まで含まれているとはいえ、かなりの金額である。

〈図表③〉知事の交際費執行状況（２０１８年１月～12月）

	件数	金額
祝儀	15	９８０００円
香典	11	２１００００円
会費	13	９８０００円
供花	11	２１５０００円
合計	50	６２１０００円

＊秘書課執行分の交際費を掲載。このため副知事分も含んでいる。

出典：『ようこそ知事室へ―青森県庁ウェブサイト Aomori』https://www.pref.aomori.lg.jp/message

《注》

⑴「この人：百石町町長になった三村申吾さん」『東奥日報』１９９２年２月３日。「ひと：三村申吾さん」『デーリー東北』１９９２年２月３日。

⑵『東奥日報』２０１５年６月８日。

⑶『青森県人名事典』〔東奥日報社、２００２年〕、６６９、１０５８頁。

⑷『青森県人物・人材情報リスト２００７』〔日外アソシエーツ株式会社、２００６年〕、３１４頁。

⑸『東奥年鑑　１９９３年版』〔東奥日報社、１９９２年〕、１７９頁。三村と西舘両者の政策に大差はなく、父が県議で息子が町長という町政界のトップを占めることへの批判票が70票の僅差となって表れたのだ（『デーリー東北』１９９２年２月３日）。

⑹当選した三村申吾は、「生活の視座に立った政治を心掛ける。生き生きとした人生を歩み、安心して老後を送れる町をつくりたい」と抱負を語った（『デーリー東北』１９９２年２月３日）。

⑺「この人：百石町長になった三村申吾さん」『東奥日報』１９９２年２月３日。

⑻申吾の父輝文が町長だった９年前、百石町は〝将棋の町〟宣言を行った。倉敷市出身ながら同町をこよなく愛した大山名人を偲んで、その愛蔵品を収めた大山将棋記念館を建設。今では多くの将棋ファンや観光客が集まる〝将棋の郷〟になった（「グラビア」『文芸春秋』72⑴〔１９９４年１月号〕）。町長に当選した時インタビューに応えて申吾新町長は「町長は町のＰＲ・営業のトップ。３６５日休みなし。最終的には体力勝負ですよ」と吐露している（『アサヒグラフ』１９９３年１月15日号、４頁）。現在の県政遂行も、そうした発想によるものであろう。

⑼『東奥日報』１９９６年10月21日。

⑽同上。

⑾同上、２０００年６月26日。

⑿同上。

⒀同上。

⒁同上、２００３年６月30日。

⒂『東奥年鑑　２００４年版』〔東奥日報社、２００３年〕、27頁。

⒃『陸奥新報』２００３年６月30日。

(17)『東奥日報』２００３年６月30日。
(18)同上、２００７年６月４日。
(19)『陸奥新報』２００７年６月４日。
(20)『東奥日報』２００７年６月４日。
(21)『陸奥新報』２０１１年６月６日。
(22)同上。
(23)同上。
(24)同上、２０１５年６月８日。
(25)『東奥日報』２０１５年６月８日。
(26)同上。
(27)同上。
(28)『あおもり県議会だより』第１号〔２０１５年９月〕、10頁。
(29)前掲『東奥日報』２０１５年６月８日。
(30)同上、２００３年６月30日。ちなみに、三千代夫人は、申吾が政治家に転身した顛末について、次のように述べている。「建設業の方は覚悟していたけど、町長なんて考えてなかったもの。出馬には反対しましたよ。でも、周りが盛り上がっちゃって、聞き届けられる雰囲気ではなかったですね」（前掲書『アサヒグラフ』１９９３年１月15日、４頁）。
(31)「ひと：三村申吾さん」『デーリー東北』１９９２年２月３日。三村申吾知事については、例えば、イトーヨーカドーなどでの県産品のトップセールスでは、フットワークの軽い知事として本領を発揮し成果を上げている一方で、〝目先のパフォーマンスに頼りすぎ〟という批判もついてまわる（『原子力産業新聞』２００３年７月３日）。
(32)前掲書『青森県人名事典』、１０５８頁。三村申吾知事の趣味はテニス、読書、旅行で、高校時代は将棋愛好会の会長も務めていた。酒はほとんど下戸だそうだ（「ひと：三村申吾さん」『デーリー東北』１９９２年２月３日）。
(33)『陸奥新報』２０００年６月４日。知事２期目に三村申吾は、記者団から「知事は〝大きな地方主権〟が夢だとか」と聞かれ、「財源なくして分権なしと思っている。自主財源、あるいは交付税も含めて財源をきちんと確保できる仕組みを整えることが出来るかが大きな課題だ。権限、財源、それを活かす人財がそろってこそ、元気な地域づくりができる」と答えている（「地方主権へのVision23　権限・財源・人財がそろった元気な青森県に　三村申吾青森県知事」『ガバナンス』118号〔2011年2月〕、9頁）。

(34)『東奥日報』2015年6月8日、2019年6月3日。

(35)同上、2015年12月31日、無所属で県会議員の古村一雄は、三村知事について、次のように語る。「私は三村さんという人にずっと興味を持ってきました。結論的にいえば、（彼は）政治家ではなくて実業家に徹しているなあと思いました。……そして彼はトップセールスと称していろいろ走りまわる。おどける。……この人はやっぱり実業家に徹していて、県民をとにかくもう勇気づけよう、こういう思いがあるのではないのかと思います」（「語り手10　古村一雄（青森県議会議員・無所属）」『2016年　豊かな青森県を実現するために』〔青森県政を考える会、2016年〕、68頁。傍点引用者）。

(36)「三村氏　県政初5選」『陸奥新報』2019年6月3日。

(37)「まだ伸ばす分野ある―知事選」『東奥日報』2019年6月3日。

(38)「解説―信任　十分とは言い難く」『陸奥新報』2019年6月3日。

(39)前掲書「語り手10　古村一雄（青森県議会議員・無所属）」『2016年　豊かな青森県を実現するために』、73頁。新聞記事では、三村知事の1期と2期目の施策やリーダーシップに批判的な論調が多く見られた。しかし3期と4期目になると、批判的記事は少なくなり、三村知事の施策の「粘り強さに」一定の評価を与える論調が増えており、三村県政がそれなりに成果を発揮したことが伺われる。

(40)『毎日新聞　青森版』2019年7月9日。知事の給与は前年比で340万1820円増えた。これは行財政改革の一環で、2004年1月以降知事の給与を20％減額していた措置が、2017年度で終了したことによる。

　2008年6月30日に公表された資産公開では、三村申吾知事の所得総額は1478万円であった。ただ、2007年の「特定パーティ」（収入額千万円以上を見込むもの）の開催では、最も収入の多かったのが三村申吾知事で2回パーティを開催、5739万円の収入を手にしている。知事選もあって三村申吾知事も何かと物入りで金が必要であったのか（藤本一美『戦後青森県政治史　1945年～2015年』〔志學社、2016年〕、411頁）。

〈図表④〉　２００７年度に三村申吾知事が開いた特定パーティの収入（単位：万円）

	総収入	総収益	収益率
	５７３９	４９１９	８５・７％
扶桑会	２４０４	２０８２	８６・６％
三村申吾後援会	３３３５	２８３７	８５・０％

〈注〉　１万未満は四捨五入、収益は「収入－経費」、収益率は「収益÷収入」で計算。
出典：『東奥日報』２００８年９月27日。

２０１２年11月30日、２０１１年度県の政治資金報告書が公表された。『東奥日報』が独自に集計した資料によれば、三村申吾知事は、収入が４４６０万円で支出が８９３万円であった。また、三村知事の関連団体（三村申吾後援会）は、収入が２９３６万円、支出が４４９万円で、収益率は84・７％であった。経常経費、政治活動費とも２０１０年よりも増加しており、三村知事が活発に選挙活動を展開していた様子がうかがえる（『東奥日報』２０１２年12月１日）。

第二章、若き日の三村申吾

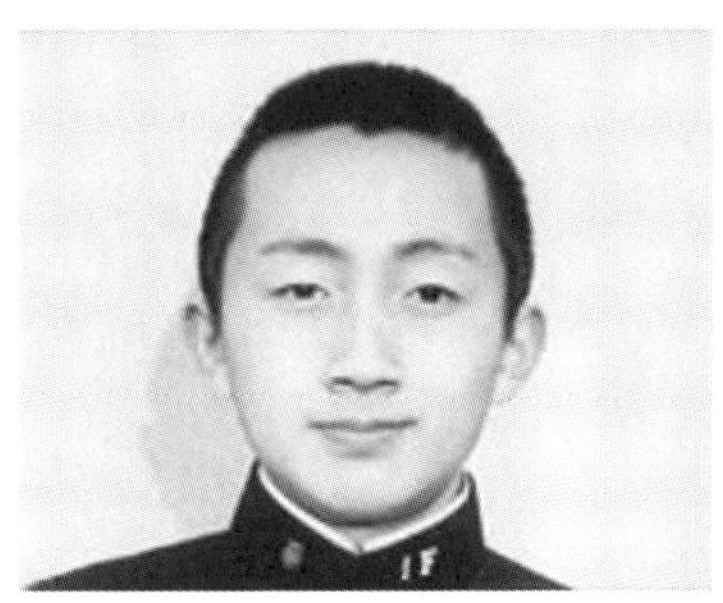

中学生時代の三村申吾

出典：『三村申吾のプロフィール』
http://www.gogo-shingo.jp/prof_01.html

第1節、はじめに

すでに第一章でも述べたように、戦後6代目の青森県の民選知事である三村申吾は1956年4月16日、青森県南部の上北郡百石町に生まれた。地元の百石小学校、百石中学校、および県立八戸高等学校を経て、東京大学文学部国文学科を卒業。卒業後は、出版社の新潮社に入社し、同社では、主として文芸編集畑を歩んだ。1987年に故郷に舞い戻り、実家が経営する株式会社三村興業社に入社、3年後の1990年に代表取締役に就任している。その後、1992年には、百石町長選挙に出馬して、初当選した。この時、申吾は35歳で、全国最年少の首長だった。

本章では、百石町長に当選するまでの若き日の三村申吾の足跡を辿り、いわゆる「青少年時代」について紹介する。よく〝三つ子の魂100まで〟という古い諺があるが、若き日の申吾はどのような人物であったのか。エピソードなどをまじえて簡単に述べる。それが、現在知事5期目を務める、三村の性格や行動の原点を探る参考材料になれば幸いである。

第2節、学生時代

三村申吾は１９５６年４月16日、青森県の上北郡百石町下明堂の現住所において、後に百石町長と県議会議員を務めた三村輝文の長男として生まれている。小学校、中学時代の申吾は、「いつもニコニコ笑っている子で、おとなしくてかわいいと言われており、昔はものを言わない子だった」、という。[1]

①百石小学校時代

申吾少年は１９６３年４月、地元の百石小学校に入学。百石小学校では、とにかく脚が速くて、運動会のスーパースターだった。それが、知事となった今でも握手して走り回る時に、役立っているのかもしれない。[2]

②百石中学校時代

百石小学校を卒業した申吾は、１９６９年４月、地元の百石中学校に入学。百石中学時代の申吾は、ボーッと考え事をしている時が多く、付けられたアダ名は「ポテ（五分刈りで頭の形がじゃがいもに似ていた）」であった。また初恋もこのときで、淡い雪のように消えてしまったようだ。[3]

③八戸高校時代

申吾少年は1972年4月、百石町に隣接している八戸市の県立八戸高校に入学した。申吾は、一番大きかった失敗として高校入試で受験番号を書き忘れたことを挙げており、けっこう慌て者のところがある。八戸高校は、県内では青森高校や弘前高校と並ぶ、進学校の一つとして有名で、学業成績がトップクラスの学生が集まる名門校だ。しかし、晴れて、名門八戸高校に進学したものの、申吾自身は大学受験の勉強そっちのけで、将棋（囲碁・将棋愛好会長）に熱中するなど、申吾の将来を案じた周囲の人びとをハラハラさせた。(4)

④東京大学時代

申吾は1977年4月、東京大学文科3類に合格した。在学中、一時は作家を夢見ていたこともあったとか。申吾青年は当時、読書と文筆のまねごとに熱中していたのだ。1981年3月、東京大学文学部の国文科を卒業、同級生にTBSキャスターの杉尾秀哉（現在、参議院議員）がいる。またこの東大時代に、後に妻となる三千代と出会っている。(5)

申吾はこれまでで最も恥ずかしかったこととして、国文科での初のゼミ発表の時に、資料を抱えて「遅れてすみません―」と飛び込んだ小部屋が女子トイレだったことだ、と告白している。実は、東大の旧館には表示がないのだそうだ。ここでも慌て者の姿が浮かんでくる。(6)

第3節、新潮社時代

三村申吾は1981年3月、東大文学部を卒業して出版社の新潮社に入社した。新潮社では、主として出版部で文藝書編集に携わり、作家の山口瞳、畑山博、綱淵謙錠、および中沢けいなどと交流した。またこの間に、同級生だった三千代と結婚、二男一女をもうけた。ちなみに、申吾のプロポーズの言葉は「いつまでも一緒にいたいね」だった、という[7]。

三村は大学で文学を選び、出版社の新潮社に入社した経緯を、次のように語っている。

「〝文学とは志高く夢広がる〟との思いでした。文学をもってして人の気持ちを明るくさせたり、幸せにしたいと。結局は出版社に入社しましたが[8]」。

この編集者として活躍していた当時、三村は仕事の関係で、大分県知事の平松守彦と出会い、平松知事から故郷の青森に戻って、郷土のため政治家となるべきだと勧められたのはよく知られた逸話である。結局、新潮社には、1981年から1987年までの6年間勤務。その後東京を離れて、故郷の百石町に舞い戻り、家業の土木建設業を営む三村興業社に入社、会社勤務の合間に政治家修行に励むことになる[9]。

三村は、後に知事に就任した時、新潮社時代の経験の意義を次のように思い出している。

「編集者は作家にまったく異分野のテーマの作品をかかせようと思ったりする。その場合、原稿の構成を話し合う。校正や印刷などの手配を含め、チームをつくって一つの作品をつくり上げる。さらに編集者は四つか五つの本づくりを並行して進める。その進行係もやる。そんなところは知事の仕事に似ている[10]」。

第4節、三村興業社時代

祖父の三村泰右が創設した三村興業社に社員として勤務したのは申吾31歳の時で、3年後の1990年、34歳にして同社の代表取締役＝社長におさまり、土木建設業で采配を振るった。茨木県の水戸市出身で東京大学において学んだ三千代は、申吾が東京での甘い生活を捨てて、故郷の百石町に帰郷し、土建屋となり政治家修行したことについて、「建設業の方は覚悟していたけど、町長なんて考えてなかったもの。出馬には反対しましたよ。でも、周りが盛り上がっちゃって、聞き届けられる雰囲気ではなかったですね」と語っている。

しかし、三千代は水戸生まれの熱血漢で、夫である申吾の後押しをしている。三千代いわく、町長への働きかけがあったので、「声をかけてもらって、こういう時代にやらないでどうするのよ」と、夫をけしかけたそうだ。[11]

申吾の方は「私の実家は祖父が県会議員、父が町長（その後県会議員）を長くやっていて、幼いころから政治の世界に親しみはあったものの大変だという思いが常にありました」と述べ、「実家で暮らしているうちにさまざまな地域課題を目の当たりにし、次第に政治に興味を持ち始めていました」、と打ち明けている。[12]

三村興業社は、青森県議会議長を務めた祖父の三村泰右が1928年に三村組の名称で創業したもので、それ以降は、息子の三村輝文（町長、県議会議員）、および孫の三村申吾（百石町長、衆議院議員、青森県知事）と引き継がれ、三村家が営む事業として存続している。申吾自身も1990年から1992年まで代表取締役を務めたほか、妻の三千代も社長を務めたことがあり、株主も同族が占めていた。[13]

三村興業社については、後の章で詳しく述べるとして、祖父が1928年に創業した三村組は、戦後1947年11月29日に株式会社に衣替えし、建築工事業を営み、土木建築請負、および生命保険の募集を生業としていた。所在地は、青森県上北郡おいらせ町下明堂30－10で、資本金は5000万円、50万株を発行、現在の代表取締役は小笠原國男となっている。2010年9月、申吾が知事時代に三村興業社と県の整備工事の落札が問題となり、三村家は同社から手を引いたのだ。[14]

第5節、おわりに

三村申吾のオフィシャルサイトを拝見すると、申吾自身に関する多くのエピソードが掲載されていて興味深い。その中で明らかにされた趣味や特性は、青少年時代の体験で後天的に身についたものか、先天的なものなのか、にわかに判断できない。しかし、三村申吾の思想と行動を考える場合、大いに参考になると思われる。

ホームページによれば、趣味は、読書、タウンウォッチング、および路線バスツアーとなっている。一方、好きな食べ物としては枝豆、豆腐、納豆、りんごを挙げており、一番嫌いな食べ物は、サバだそうだ。好きな言葉として、「継続は力なり」だという。好きな作家は岡部伊都子で、尊敬する人物は平松守彦元大分県知事だそうだ。これまで感動した本は『たちばなの夢』(大岡信著)で、想い出の映画は『サウンド・オブ・ミュージック』。そして、大きな夢は「大きな地方主権」、権限・財源・人間がそろって、国の枠を超え世界に発信できる自主自立の青森県と語っている。そこには、ゆったり、やすらかに暮らせる「安心安住の地」がある。なお、現在、三村家の家族は父母、妻、そして子供は2男1女である。(15)

その他に特技は早口であり、長所は柔軟な発想力で、短所はせっかちだと自身を分析。なお、晩酌の種類と酒量についてはせいぜい缶ビール1本で、自身は下戸であると語る。また好きな歌はＢＥＧＩＮ「島人ぬ宝（しまんちゅぬたから）」であって、好きな（異性）タイプとして三千代（妻）タイプを挙げるなど、奥さん思いのところがある。一方、好きなプロ野球チームは阪神タイガースで、行ってみたい国は南極大陸だそうだ。好きなスポーツは陸上競技で、健康法はよく歩くこと、特に自転車こぎである。

三村申吾自身が、今までについた一番大きなうそは、「政治家にはならない」と妻に語ったことだそうである。最後に、一番大切なものとして「家族・友人」を挙げている。[16]

行政最高責任者として留意すべきは、好きな言葉として「継続は力なり」を挙げている点だ。多くの政策提言の実行力がそれを証明している、といってよい。また、特技は早口であって、長所は柔軟な発想力、短所はせっかちだと、自己分析しているが、それも三村県政の特色の一部である。後の章で指摘するように、そのような性格ないし特性は県政運営にもかなり反映されている部分がなきにしもあらずだ。

前述したように、三村申吾の大きな夢は、「大きな地方主権」、権限・財源・人間がそろって、国の枠を超え世界に発信できる自主自立の青森県であって、ゆったり、やすらかに暮らせる「安心安住の地」青森県だと語る。実に高邁な政治理念であり、あるいは、それが知事三村申吾の原点なのかも知れない。最後に強調しておきたいのは、三村申吾は、政治家になる以前に、2度にわたって民間会社（新潮社、三村興業社）に務めた経験があり、政治家の道へと一直線で進んでいったわけではないことだ。また、衆議院議員時代は与党ではなく、野党の経験も積んだ。それは三村にとって、貴重な体験であったと思われる。

《注》

(1)「私から見た土地改良―三村申吾青森県知事に聞く」『土地改良』291号（2015年10月）、6頁。
(2)『三村申吾　ホームページ』http://www.gogo-shingo.jp
(3)同上。
(4)同上。
(5)同上。
(6)同上。
(7)同上、三千代夫人は「結婚したのは、1984年6月、夫が出版社勤務の頃（28歳）」と述べている（「衆院選本県選挙区　15候補はこんな人」『東奥日報』1996年10月10日）。
(8)前掲書「私から見た土地改良―三村申吾青森県知事に聞く」『土地改良』、7頁。
(9)「この人　百石町長になった三村申吾さん」『東奥日報』1992年2月3日。
(10)『アサヒグラフ』1993年1月15日、4頁。三千代は大学院進学、専門は国文学で、とくに古典文学である。八戸市の短大で客員教授をやっている。
(11)塩田潮「《連載》地方のリーダーが日本を変える⑱三村申吾青森県知事―財政破綻の大危機克服へ〝黒衣に徹したこの1年　次は自らの〝ふるさと創生劇〟に挑む　編集者知事〟」『ニューリーダー』第17巻（9号）、通算203号（2004年9月）、34頁。
(12)「首長に聞く　青森県三村申吾知事」『月刊　地域保健』第37巻5号（2006年5月）、45頁。
(13)『青森県人名事典』（東奥日報社、2002年）、1058頁。
(14)藤本一美『戦後青森県政治史　1945年～2015年』（志學社、2016年）、424頁。
(15)前掲『三村申吾　ホームページ』。三村申吾は、自身のあふれるバイタリティーについて「好奇心の固まりだから」と答え、また「年齢は意識しない、日々新たな気持ちで完全燃焼」と若さの秘訣を語る（「知事選・候補者はこんな人」『陸奥新報』2015年5月23日）。
(16)同上。

第三章、百石町長

（おいらせ町の自由の女神像）

写真提供：工藤知己

第1節、はじめに

三村申吾が生を受けた青森県の百石町は1889年4月1日、町村制施行で百石村として発足、その後1929年4月20日には、町制施行で百石町となった。さらに2006年3月1日には、下田町と合併しておいらせ町となったので、百石町そのものは現在存在しない。

かつての百石町は、上北郡の東南部に位置した農業と商工業の町であり、平坦な地形で東部が太平洋に面しており、近年、隣の市である八戸市と三沢市のベッドタウン化が進んでいる。実際、洋光台団地や百石工業団地などがそれを象徴している。(1)

三村は、1992年2月2日に行われた百石町長選に出馬して勝利を収めた。35歳の時で、全国でも最も若き町長の出現だった。三村の生家は、祖父が県議会の議長を務めた泰右、また父が町長と県議の輝文であったので、典型的な「政治家一家」の家庭に育った。それ故、申吾が選挙に打って出た時は、知名度、選挙基盤、および政治資金の「3バン」が揃っての出馬であった。しかも、祖父が起こした土木建設業の三村興業社が背後に控えており、その利害関係者たちで基礎票を固めることが出来た。ただ、選挙戦は意外にも接戦となり、三村は対立候補の西舘芳信・前町議に僅か70票の票差で逃げ切るなど、薄氷の勝利であった。[2]

本章では、最初に、三村申吾が生まれ育った百石町を概観した後に、祖父・泰右と父親・輝文の県議選での活動の一端に触れ、「政治家一家」＝世襲政治家の環境を紹介する。その上で、三村申吾の町長当選の背景を辿り、最後に、百石町長時代の業績の一部を紹介する。

第2節、三村家の政治的遺産

『百石町誌』によれば、三村申吾の出身地である百石町の概要は次のようである。

「当町は上北郡東南端に位置し、三本木原の東側、太平洋沿いにあって、南北およそ10キロメートル、東西およそ3・5キロメートルの長方形をなしている。東は太平洋に面し、西は下田町、南は八戸市、北は三沢市に接している。地形は一般に平坦で、三沢台地といわれる中位段丘が緩やかな勾配をなし南に低く、北はやや小高い丘状をなしている。南端部は奥入瀬川（相坂川）が八戸市との境界となって東流し太平洋に注いでいる。南部の低地帯は奥入瀬川の水利を得て、早くから水田が開けている。また北部の丘陵地帯は木崎野牧であったが、明治以降は畑として利用されてきた。しかし、近年開田計画が進み、現在では畑より水田の割合が上回っている。

国道45号線と同338号線が南北に縦貫し、八戸臨界工業地帯にいたる主要地方道八戸－百石線のバイパスが完成するなど、比較的交通の便に恵まれている。町域の広さは21・6平方キロメートルと県内で最も狭小だが、その6割が水田・畑を中心とした農用地として利用されている。

太平洋に面しているため、梅雨期は偏東風（ヤマセ）が吹き低温多湿、冬期は寒さが厳しいが、積雪が少なく通年では少雨かつ温暖な気候で東北地方太平洋岸では恵まれている。

古くは沿岸漁業（イワシ）を主たる産業としていたが、その衰退により農業と出稼ぎの町と変わり、今では農業と商・工業の調和のとれた発展を目指している」[3]。

三村が新潮社を退社し、故郷に戻る直前の1984年4月1日当時、百石町の人口は1万168人、世帯数は2647世帯を数え、人口密度は県内八市に次ぐ高さであった。集落は14単位に編成され、11集落は国道および県道沿いに形成されていた。なお、百石町の由来だが川の石が沢山あったところから、「百石」と名付けられたようである。

百石町といえば、われわれには南部に存在する、「将棋の町」として記憶に残る。三村が町長に当選した1992年、町の人口は1万人を割って9970人に留まり、これといった主たる産業もない町であった、という印象が強い。

酒好きの人には、酒類製造と販売を行う県内大手の造り酒屋「桃川株式会社」の〝桃川〟が良く知られている。その他に、祭事として、百石えんぶり（2月）、自由の女神祭り（5月）、百石砂浜祭り（7月）、全国将棋祭り（8月）、および百石祭り（9月）がある。近年ではとくに、ニューヨーク市と同緯度にあることから、本物の四分の一の大きさに建立した「自由の女神像」や大山康晴十五世名人に関連する資料を中心に展示する「大山将棋記念館」が有名で全国から観光客を集めている[4]。

その百石町を拠点として、長らく上北郡選出の県議会議員として君臨してきたのが、三村申吾の祖父＝

三村泰右に他ならない。自民党所属で上北郡選出の三村泰右は１９６４年6月19日、県議会の第78回定例会で、当選5回ながら議長に選出された。66歳の時である。

泰右は１８９７年10月29日、南部の上北郡百石町に生まれた。尋常高等小学校卒で、１９３３年、百石町議に当選、これを連続３期務めた。長年にわたり町政に参与し、戦後の１９４７年には、県議に転身して当選。１９５１年には落選したものの、１９５４年の県議補欠選で返り咲き、１９５５年から連続３期当選を果たした（通算5期）。その間、１９６４年から１９６５年まで議長を務めた。泰右は、自由党、民主党を経て、自民党に所属し、自民県連幹事長、上北土建協会会長などに就任している。県農協中央会会長など農業団体の長として農業振興にも尽力、また県将棋連盟相談役に就任。土木建業を営む三村興業社をおこして、その社長となった。三村興業社は元々泰右が１９２８年に三村組の名称で創業し、戦後１９４７年11月29日、株式会社に衣替えしたものだ。

１９８９年、泰右はこれまでの功績が認められて百石町の名誉町民となったし、また初代の「奥入瀬川南土地改良区理事長」を25年間も務めた。元県議の輝文は息子で、現知事の申吾は孫にあたる。泰右は１９９１年に死去され、享年94であった(5)。

泰右の県議会議員時代の得票数は図表①の通りで、平均得票数は９１５２票に及ぶ。１９５４年以降は県議選では3連勝を誇り、自由党、民主党を経て自民党に所属、県政界では保守勢力の重鎮であった。

〈図表①〉三村泰右の県議選での得票数

1947年4月の県議選	6898票（第二位）	自由党
1954年11月の県議補選	14876票（第二位）	々
1955年4月の県議選	7705票（第二位）	民主党
1959年4月の県議選	7500票（第三位）	自民党
1963年4月の県議選	8783票（第二位）	々
（平均得票数）	9152票	

出典：「選挙の記録」『青森県選挙管理委員会』
https://www.pref.aomori.lg.jp/soshiki/senkan

一方、申吾の父・輝文は1930年5月5日、上北郡百石町に生まれ、県立野辺地中学を経て、明治大学政経学部を卒業、同大学大学院で学んだ。その後、父の泰右から土建業の三村興業社を継いで社長に就任したようだ。また1967年には、百石町長に当選し、これを5期20年間と長期間にわたり町政に君臨した。20年後の1987年4月には、県議選に転じて当選、以後2009年4月まで連続6期務めた。この間、自民党県連の政策会長などに就任。ちなみに、2003年から2011年までの8年間、輝文は申吾と親子でもって県議会議員と知事を務めている。この点については、若干違和感を覚えないわけではない。世間の一般常識でいえば、輝文は息子が知事になった時点で、引退すべきだったのでは、と思う。だが、それは有権者の判断に委ねるしかない[6]。

輝文の県議時代の得票数は図表②の通りで、得票は常に1万票を超えている。息子の申吾が衆議院議員に当選する以前の1995年4月の県議選では、自民党に所属していたがその後離党して「無所属」となっている。あるいは〝世間体〟を気にして遠慮したのであろうか[7]。

〈図表②〉 三村輝文の県議選での得票数

選挙	得票数	所属
1987年4月の県議選	11204票（第四位）	自民党
1991年4月の県議選	12236票（第四位）	〃
1995年4月の県議選	10633票（第三位）	〃
1999年4月の県議選	13095票（第一位）	無所属
2003年4月の県議選	無投票当選	〃
2007年4月の県議選	11278票（第二位）	〃
（平均得票数）	11689票	

出典：「選挙の記録」『青森県選挙管理委員会』
https://www.pref.aomori.lg.jp/soshiki/senkan

以上述べてきたように、三村家は祖父の代から「政治」を生業とする典型的な政治家一家そのもので、生家は土建業を営み、申吾自身もそうした環境の中で育てられた地方名望家＝エリートの一人で、いわば三村家の「若殿様」であった。申吾は幼少の頃から、祖父や父親に代表された三村家が幾たびかの選挙戦を体験する中で政治家とは、どうあるべきかを自然とたたき込まれたのであり、〝世襲政治家〟の一人として成長したのである。

青森県の初代民選知事を務めた津島文治は、「政治家の家庭に育ったものは、小さい時から政治家としての信条を知らず知らずの間に身につけているものであるから、大局において決して誤ることはないものである」と述べており、三村申吾の場合もそれに当てはまると考えられる[(8)]。

第3節、町長当選と課題

1992年2月2日、百石町長選が行われた。これは現職の三村官左衛門町長の死去に伴うもので、選挙には、三村輝文県議の長男で会社役員の三村申吾（35歳）と前町議の西舘芳信（41歳）が出馬した。選挙戦は保守同士の争いとなったが、三村候補は3073票、一方、西舘候補は3003票獲得し、70票の僅差で三村申吾が百石町長に当選した。町長選挙では、当時百石町を含む旧青森第1区選出の衆議院議員だった津島雄二の支援を受けての立候補であった。[9]

敷衍しておくと、今回の町長選は、前年1991年12月に急死した現職の後釜を決めるために実施されたので、三村、西舘両陣営とも、短期決戦を余儀なくされた。百石町の二大派閥である官左衛門派と輝文派の町議は正面から対立、町議会の勢力も三村派、西舘派と二分され、それに国会議員系列の県議も入り乱れて、両陣営は集票活動を必死に展開した。結果は、三村が「若さと信頼」をキャッチフレーズに、父の支持票を基礎にして有権者に浸透し勝利を手にした。百石町民は、若さを武器に政治理念を訴えた三村申吾に町の将来を託したのであり、[10]親子二代にわたる町長の誕生となった。三村家は父の輝文と申吾でもって１９８７年から１９９２年の５年間を除いて、都合６期＝24年の長期間、百石町長に君臨していたことになる。

町長選で接戦の末、勝利を手にした三村は、次のように語った。

「とにかく生活に関連した道路、下水道など町民の身の回りの環境整備に全力を尽くしたい。そして東京で学んできたことを町に生かしてみたい」。その上で、「海に向けた文化特性を生かしたマリンカルチャーの建設、高速道路網重点拠点としての地理的条件を活用した産業振興、ジャスコ対策を中心とした商工業振興などを一歩一歩推し進めていきたい」と夢を披露、最後に「生活者の立場に立った政治を心掛ける」と言い切った[11]。

新しい町長に当選した三村を取材した記者は、申吾を「物腰が柔らかく、人当たりのよさそうな〝ニュージェネレーション〟（新世代）」だと紹介している[12]。

三村町長は、３月に開会された第４１２回町議会定例会に望み、冒頭で次のように挨拶している。

「かくして私は平成４年、１９９２年今、こうした激変の７年間の世界と日本を傍観しつつ百石町の町長として、いかにあるべきか、いかになすべきかを考察するにあたり、私の政治信条である『生活者の視座に立った政治』『生活者と生きていく政治』こそよりいっそう重要性をおびてきたと確信するのであります。これはどういう意味であるかといえば、生活者の視座にたった政治とはつまり、実際にその地域地域に日々の生活をする人たちの目の高さに立って、実情を把握し、対応策を検討し、行動を起こしてゆこうということです[13]」。

後年知事となってから三村は、百石町長時代を次のように振り返っている。

「町長をやってみたら、福祉の仕組みが非常に弱い。関連施設を全部、周辺の自治体に頼っている状況だった。住民一人に対して保険、福祉、医療の三方面から総合的なケア・メニューをつくるという広島県御調町の病院長の先例から学びながら、自分の町で安心して人生を送ってもらう仕組みをつくった[14]」。

第4節、おわりに—「町長」三村申吾

それでは百石町長として三村申吾はどのような業績を残したのか。最後にその点にふれておきたい。三村が百石町長を務めたのは、１９９２年2月から１９９６年2月までの４年間で、４年後の10月には、早々と衆議院総選挙に打って出ている。町長からいきなり衆議院議員の席を狙ったのは無茶なような気がしないでもない。しかし、父が上北郡選出の現職の県議なので基礎票も見込まれ、それを踏み台にして次のステップを考えたのかもしれない。ちなみに、１９９１年の県議選では、父は１万２２３６票も獲得している。[15]

第四章で詳述するように、三村は衆議院議員に当選後、国会での本会議や委員会での質疑の中で、枕言葉のように、しばしば町長時代の体験に言及しており、行政最高責任者として町長時代の記憶が鮮明に残っていたことが伺える。

三村町長治世下の百石町について説明すると、各種の統計は図表③のようになっている。

〈図表③〉 百石町の人口、予算、および住民一人当たりの年間所得

年度	人口数	年間予算額	個人所得の平均
１９９２年度	９９７０人	26億２８００万円	１５２万１０００円
１９９３年度	９８６８人	31億２６００万円	１９３万５０００円
１９９４年度	９９２９人	34億７３００万円	１９８万８２００円
１９９５年度	９９４７人	40億９３５０万円	１９９万６０００円
１９９６年度	１００９９人	43億２１００万円	２０６万４０００円

出典：『東奥年鑑　１９９３年版～１９９７年版』〔東奥日報社、１９９２年～１９９６年〕より筆者作成。

『東奥年鑑　１９９２年版』と『東奥年鑑　１９９６年版』の「百石町総覧」を比較すると、この間、明らかに百石町の人口、町の予算、および町民一人当たりの所得は増大している。

まず人口は、９９７０人から１万99人へと１２９人増えている。過疎化が進行している東北地方の町にしては珍しいことだ。次に、予算である。４年間で26億２８００万円から43億２１００万円と60・８％増加している。また、町民の一人当たりの年間所得も１５２万円１千円から２０６万４千円へとこれまた73・７％も増加している。(16)

以上のデータから、三村が町長を務めていた頃の百石町は著しく発展を遂げた、といえるのではなかろうか。三村の「積極的行政」姿勢が成功したのだと言ってよいだろう。それに加えて、大山将棋記念館の全国将棋大会、自由の女神像の序幕式と記念式典で全国から観光客を集めた。それらも百石町の発展に寄

与したのは疑いない[17]。

『東奥年鑑　１９９５年版』の百石町に関する「おもなできごと」によれば、三村が百石中学で生徒と懇談会（「15の春と語る」）を実施したとか、県が百石町太平洋沿岸に人口漁礁を投入する事業に着手、また「町民による町民のための町づくり百人委員会」を設置するなど、積極的な活動の一部が掲載されている[18]。

少ない物証で即断できかねる点があるものの、各種のデータが三村町政における百石町の発展を示しているのは間違いない。町長時代の仕事として、後に自身が「新時代の感性と大胆な発想で行政を展開。なかでも、福祉・医療・保険を一元化する〝包括ケアシステム〟の推進で全国的評判を得た」と自負している。それは後に知事就任後に県内の各自治体で採用されている重要な施策の一つである[19]。

一言でいえば、若き百石町長の三村は、行政責任者として見事に成功を収めたのであって、次なる目標は、衆議院議員となり、国会の赤じゅうたんを踏むことであった。いずれにせよ、三村が県知事になる以前に町長という行政の最高責任者の地位にあった時の経験が、後に知事を務める際に、大いに役に立ったのはまちがいない。

《注》

⑴『東奥年鑑　１９９６年版』〔東奥日報社、１９９５年〕、２３４〜２３５頁。
⑵「百石町長は三村氏」『東奥日報』１９９２年２月３日。
⑶『百石町誌　下巻』〔百石町、１９８５年〕、43〜45頁。
⑷前掲書『東奥年鑑　１９９６年版』、２３５頁。

(5)藤本一美『戦後青森県議会議員選挙と正副議長』(北方新社、2019年)、165頁。「私から見た土地改良―三村申吾青森県知事に聞く」『土地改良』291号(2015年10月)、5頁。
(6)同上。
(7)同上。
(8)山崎竜男「報恩の期のないうちに」『清廉一徹』(筑摩書房、1974年)、60頁。
(9)「百石町長は三村氏」『東奥日報』1992年2月3日。
(10)同上。
(11)「この人」同上、1992年2月3日。
(12)同上。
(13)『平成4年3月9日 百石町第412回 議会定例会会議録』(青森県上北郡百石町議会、1992年3月)。
(14)塩田潮「《連載》地方のリーダーが日本を変える(18)三村申吾青森県知事―財政破綻の大危機克服へ〝黒衣に徹したこの1年 次は自らの〝ふるさと創生劇〟に挑む編集者知事〟」『ニューリーダー』第17巻9号 通算203号(2004年9月)、34頁。
(15)前掲書『戦後青森県議会議員選挙と正副議長』、第一部第12章を参照。
(16)『東奥年鑑 1992年版』(東奥日報社、1991年)、230頁。『東奥年鑑 1996年版』(東奥日報社、1995年)、235頁。
(17)『東奥年鑑 1995年版』(東奥日報社、1994年)、218頁。『東奥年鑑 1996年版』(東奥日報社、1995年)、235頁。
(18)同上『東奥年鑑 1995年版』、218頁。
(19)同上『東奥年鑑 1996年版』、235頁。三村は町長を任期満了後、国政参加をめざすと同時に「三村くらし研究所」を設立して、地域活動を展開した(「首長に聞く―三村申吾知事」『月刊 地域保健』第37巻5号(2006年5月)、43~44頁)。

第四章、衆議院議員

衆議院議員時代の中田宏と三村申吾

出典：『三村申吾のプロフィール』
http://www.gogo-shingo.jp/prof_01.html

第1節　はじめに

三村申吾は1992年2月2日、当時衆議院議員の津島雄二の支援を得て、故郷の百石町長選挙に出馬して初当選した。しかし、4年後には町長を退き、今度は田名部匡省衆議院議員の後押しを受けて、1996年10月20日の第41回衆議院総選挙に新進党公認で青森第2区から出馬した。[(1)] だが、自民党公認で新人の江渡聡徳に765票の僅差で敗れて落選、その後新進党の解党に伴い、田名部が所属した無所属の会に入党。[(2)] 2000年6月25日の第42回衆議院総選挙では、無所属の会公認で青森第2区から再出馬、前回敗れた自民党の江渡を破り、初当選して雪辱をとげた。

衆議院議員となった三村は、2001年4月26日、首班指名選挙において、自民党総裁の小泉純一郎に投票するなど、野党議員でありながら与党である自民党寄りの姿勢を鮮明にして話題を呼んだ。当時、三村が所属した無所属の会は衆議院で院内会派「民主党・無所属クラブ」を結成していたが、無所属の会の三村と中田宏の両衆議院議員は、首班指名選挙で民主党代表の鳩山由紀夫に投票せず、自民党の小泉純一郎に投票した。そのため、当時民主党の幹事長だった菅直人が激怒し、三村と中田の両議員は会派「民主党・無所属クラブ」から除名された。ただ、無所属の会には残留している。

本章では、衆議院議員時代の三村を論じる。最初に、落選した１９９６年の衆議院総選挙について、次に当選した２０００年の衆議院総選挙について言及し、三村勝利の背景を検討する。その上で、国会（衆議院）における質問と答弁を紹介し、最後に、衆議院時代の行動の一端を探りたい。

第2節、１９９６年の衆議院総選挙

連立政権の在り方が問われた第41回衆議院総選挙は、１９９６年10月20日、「小選挙区比例代表並立制」という新制度の下で行われた。青森県の小選挙区は、都合15人の候補者によって争われ、投開票の結果は次の通りである。

第１区は、自民党前職の津島雄二（８万６４１１票）、第2区は、自民党新人の江渡聡徳（６万３６７２票）、第３区は、自民党前職の大島理森（９万６６２８票）、そして第４区では、新進党新人の木村太郎（10万１０５９票）が当選した。[3] 一方、比例代表東北ブロックでは単独候補の田沢吉郎と竹内黎一が、当選ラインに届かず落選。投票率は、第１区から第４区を合わせた県の合計が63・40％で、前回を１・53ポイント下回った。[4]

選挙戦は小選挙区において、自民党対新進党という二大政党の対決となった。結果は、自民党３議席、新進党１議席の内訳で、自民党が底力を見せた。選挙結果の特色は、世代交代の大きなうねりであり、初当選した江渡聡徳は41歳、木村太郎は31歳という若さを誇った。比例代表に回された田沢吉郎（78歳）、竹内黎一（70歳）の派閥領袖はそろって落選するなど、世代交代の流れが明白となった。[5]

選挙戦は、自民党と新進党という保守同士の対決を軸に展開され、注目の第2区では、新人同士の争いで終盤までもつれこんだ。だが、自民党新人の江渡聡徳が6万3672票獲得し、新進党新人の三村申吾（6万2907票）を765票の僅差で振り切り勝利した。民主党の戸来勉（1万1581票）と社民党の建部玲子（8705票）は力及ばず、また、共産党の相馬和孝は党の基礎票（5235票）止まりに終わった。[6]

三村申吾は、父輝文の基盤である百石町民、上北郡民の支援にもかかわらず、初めての衆議院総選挙で惜しくも敗退を喫したのである。

地元の『デーリー東北』は、青森第2区の結果について〝江渡氏、地元十和田で優位に〟、〝自民党回帰ムードを吸収〟と見出しをつけて次のように報じた。

「江渡聡徳は、最大の決戦場となった大票田の十和田市で48％の得票率を獲得し、765票の僅差で三村申吾を振り切り、猛烈な激戦を制した。江渡は厚い自民党の基盤を守り、十和田市のほか、むつ市、下北郡でリード。上北郡中北部6町村でも三村を上回った。十和田市に張り巡らした緻密な後援会組織が奏功、6千票の差をつけた。選挙区一円で有権者の自民党回帰ムードを巧みに吸収した。

これに対して、三村申吾は三沢市、地盤である南部百石町を中心に上北郡で首位を奪い、予断を許さないデッドヒートを展開、新進党支持者を固め、自民党支持層にも食い込んで追いすがった。最後は十和田市の攻防が明暗を分けた」。[7]

なお、今回の衆議院総選挙では、三村申吾を支援した青森第3区の田名部匡省候補も自民党の大島理森の前に敗退している。

第3節、2000年の衆議院総選挙

第42回衆議院総選挙は、政権選択を最大の争点にして、2000年6月25日に投開票が行われた。小選挙区では、第1区が自民党の津島雄二（9万6691票）、第2区が無所属の三村申吾（8万338票）、第3区が自民党の大島理森（9万3602票）、そして第4区が同じく自民党の木村太郎（12万6056票）が当選した[8]。

自民党は木村守男知事系議員との合流による「政治結集」の成果として、第1区、第3区、および第4区において、終始優勢な中で選挙戦を進めて圧勝した。だが、主戦場となった第2区では、組織をフル回転して善戦したものの及ばず、三村が8万338票を獲得し、次点の江渡聡徳に6220票の大差をつけて雪辱を果たした。投票率は、史上最低であった前回よりもさらに落ち込み、61・04％に留まった。その背景として、無党派層の増加、非自民勢力の総体的力不足、および県政総与党化に対する有権者の〃しらけムード〃があった[9]。

地元の『デーリー東北』は、三村勝利の背景を次のように報じている。

「雪辱に燃えた三村申吾は、江渡聡徳に6千票以上の大差をつけ圧勝。反自民を前面に田名部匡省参議院議員と二人三脚で走り回った3年8ヵ月。徹底した草の根運動が実り、自民党の4議席独占を阻んだ(10)」。

敷衍しておくと、三村陣営は1年以上も前から、解散時期をにらんでいた。確かに、何度か解散の時期は延びた。だが、結果的に6月下旬の戦いに照準を合わせることに成功。選挙区21市町村のうち11市町村で首位を奪い、自民党籍の市長の支援を得た三沢市での8千票の大差が勝利に大きく貢献し、また地盤の百石町でも4千票以上リードした。支持母体である県民協会の組織力の低下もあって、一時は敗色濃厚ともささやかれたものの、選挙区内全域で支持基盤を修復し、最後は勝利に結びついた。三村陣営はきめ細かい運動に加え、自民党独占を良しとしない保守層の取り込みにも成功した。一方、江渡陣営は楽観ムードと出遅れによる自滅が手伝った。

「政治力の結集」を大義に木村守男知事が自民党と共同歩調を取る中で、江渡陣営には序盤で楽観ムードが漂い、三村陣営につけ込むスキを与えた。江渡は地元・十和田市で票を伸ばしたが、しかし前回勝利した上北、下北郡の一部町村で三村にリードを許すなど、組織の上滑りが露呈した、といわねばならない。

『デーリー東北』は解説記事の中で、〝非自民が2区には橋頭堡〟と見出しを付して、今回の衆議院総選挙の意義を次のように報じている。

「旧新進党を引き継いだ県民協会中心の非自民勢力が、自民党の青森4選挙区独占に風穴を開けた。昨年来の県内政界再編で自民に大きく傾斜してきた2区の三村氏の勝利は、昨年来の自民優位の流れを激変させるほどの大きな意味を持つ。2区の議席奪還は、県政界の再編で津軽の基盤を失った県民協会にとって、失地回復をうかがう橋頭堡となった。威信をかけて総力戦を繰り広げた自民党は、実質的な敗北であり、受けた打撃は計り知れない[11]」。

第4節、国会での活動

２０００年6月、２度目の挑戦で晴れて衆議院議員に当選した三村申吾は、衆議院において次の委員会に所属した。それは、総務常任委員会、農林水産常任委員会、懲罰常任委員会、および災害対策特別委員会である。

『国会会議録検索システム』による検索の結果によれば、三村申吾は２０００年から２００３年まで３年間の任期中、本会議および委員会で都合11回発言している。内訳は、本会議が１回、総務委員会が５回、農林水産委員会が４回、および予算委員会分科会が１回で、衆議院議員としての３年間で、少なくない発言回数である。[12]

次に、委員会および本会議における三村議員の発言の一部を紹介する。三村議員の委員会での最初の質問は、２０００年11月７日、農林水産委員会で行われた。当日の午後、農地法の一部を改正する法律案が議題となっており、三村議員は次のように質問した。

〈図表①〉三村申吾衆議院議員の国会での発言一覧

No	回次	院名	会議名	号数	開会日付
1	156	衆議院	総務委員会	5号	2003年03月04日
2	155	衆議院	総務委員会	9号	2002年12月03日
3	154	衆議院	総務委員会	24号	2002年06月25日
4	154	衆議院	総務委員会	9号	2002年04月02日
5	153	衆議院	総務委員会	13号	2001年11月29日
6	151	衆議院	農林水産委員会	10号	2001年04月11日
7	151	衆議院	農林水産委員会	6号	2001年03月28日
8	151	衆議院	本会議	15号	2001年03月22日
9	151	衆議院	予算委員会第八分科会	1号	2001年03月01日
10	150	衆議院	農林水産委員会	7号	2000年11月30日
11	150	衆議院	農林水産委員会	3号	2000年11月07日

出典：『国会会議録検索システム』
http://www.shugiin.go.jp/internet/index.nsf/html/index.htm

「実は私も、谷大臣と同じく、小さな町の町長を35歳から務めておりました。たくさんの実務の中で、農地を荒廃からどう守るか、またその農地を本気で耕してくれる方々をどう維持していくか、農業技術の伝承であるとか開発等、農業は未来のある仕事であると町長としては話はするんですけれども、実際の生活のことを考えた場合に、どうやって助けてやったらいいか、毎日が苦心と工夫と創造の連続でございました。……

今回の農地法改正を貫く根本的な理念には、担い手がいかに多様化しようとも、活力と生命力にあふれる優良な土壌、土そのものを、そして今後、その土づくりを担う者たちを守り抜いていくという決意があるものと自分自身信じるわけでございますが、すべてはこの10年間、農業はこの10年間が施策の勝負であると思います。

大臣は、農業あるいは土壌、土を守ることに対して、本法改正のみならず、新基本法に沿った施策をどのように推進する御決意でしょうか。御持論をあわせて拝聴させていただければありがたく存ずる次第でございます。

また、以下3点、局長に簡便に御答弁願いたいんですが、地域農業発展のため、多様な担い手を育成する上での法人化の推進は、どのような役割を現地において果たしていくのでしょうか。

また、優良な農地を確保し、担い手への農地集積を進める方策をいかに考えておいでですか。その際、転用は適切に確実に制限される中でそういうことが行われるのでしょうか。

3点目でございますが、自分自身、首長の経験者として伺いますが、地方公共団体の法人への出資には、担い手育成、耕作放棄地の解消などの観点から、どのような意義があるとお考えでしょうか。それぞれ御答弁願いたく存じます。[13]

続いて三村議員は2001年11月29日、総務委員会で初めて質問した。当日は、地方自治法の一部を改正する法律案が審議されており、次のように政府側を質している。


「私は、青森の小さな町で町長をいたしておりました。こうして冬場になりまして、日が暮れてまいりますと、きょうも雪かな、除雪はちゃんとやっているかな、ふとそんなことを思います。

それでは、十分しかございませんので、すぐ本題に入らせていただきます。

さて、今回の地方自治法の改正、特に、私たち市町村長個人が訴えられる、そういう形が改められる提案には、私は大いに賛意をあらわすものでございます。

ところで、話は変わりますが、市町村合併の議論というものが高まってきたわけでございます。合併は、地域の活性を高め、住民にメリットを感じさせるものでなければならないと考えます。そのためには、お互いの資源、施設であるとか制度の高度な相互利用、例えて言えば、現在ある医療、福祉、文教、体育施設等、介護や教育システムその他の制度の共用あるいは高度活用で、むだを排した便利さというものを地域住民に示さなければいけない、そう考えます。

そのとき基盤となりますのは、何よりも道のネットワークでございます。合併でよくなったと実感し得るための道路整備というものが、むしろ地方では今こそ重点的に必要と考えますが、国土交通省の御発想を伺いたく存じます。時間がないものですから、簡明にお願いします」。

「実は昨日、青森の三沢というところで、「いのちの道」フォーラムというものがございました。新聞記事を持ってきましたけれども、道ばた会議という地域の道づくりを考える女性の方々と消防の方、看護婦さん、保健婦さん、9人のお子さんを持つお母さん、そういう方々が集まりまして、道は経済だけじゃないんだ、命や暮らしのかなめとなっているんだというアピールがあったそうでございます。何かといえば市町村長、私もそうでございました、市町村長と政治家だけが道路のことをアピールしているんじゃないか、そういう議論があるわけですが、地方では女性も、まさしく命を守る現場にある方々も必要性を訴えている、そういうことを政務官、強く御認識いただければと思います。

とにかく時間がありませんので、そこで、総務省といたしまして、合併協議をより前向きに進めるためにも、たとえこの構造改革の中にあっても、地域連携に必要なものは必要として、道路のネットワーク整備の支援を強化する、そういう考えはございませんでしょうか。」

「私の経験でございますが、地方の首長というものは、まさしく資金繰りの毎日でございます。いい財源やいい補助事業を求めまして県庁とか霞が関をとにかくうろついて回る、その中でいい仕事をしていきたいと毎日頑張っているのが地方の市町村長でございます。そういった方々、今、この林野事業のように、第一次産業がよくなれば、真水効果、非常にございます。そういったいい形での地域支援というものを心からお願いいたしまして、質問を終了させていただきます。どうもありがとうございました」[14]。

一方、本会議での三村議員の初めての答弁は、2001年3月22日に行われている。当日は、民主党・無所属クラブが提出した農業者年金基本法の一部改正に関する法律案に関して答弁がなされており、その内容は次の通りである。

「古賀先生御質問の、担い手の部分につきましてお答えいたします。

さて、私は青森の小さな町で町長をいたしておりました。この農業者年金基金につきましては、加入者激減を感じていたにもかかわらず、私は、これもらえるから、得だからちゃんと入れ、入れと督励し、また、させました。したがって、今回、政府案の約一割カット、そして脱退一時金80%返還では、自分自身も農業者に約束したことを守れないのであります。

もはや町長ではないのだからあのときのことは忘れたというのでは、自分にとりましても道理を失うことでありまして、一政治家としてみずからの責任と政治的良心を示すべく、カットなし、100%返還、みどり基金有効活用の本案提出者に名を連ねた次第でございます。(拍手)

農家が公的に納めるものには、ざっと、国、県、市町村民税、消費税、国保税、国民年金、改良区の負担金等々あるところに、介護保険料がふえまして、そこに年４万円前後の減額ということになりますと、地方の感覚では、これは大変に大きな額なのでございます。……

民主党・無所属クラブの案では、農業者年金基金の加入者に対しまして、納付済み保険料の１００％に相当する脱退一時金と、保険料納付済み期間を他の年金基金制度に移行する際に組み入れる措置を講ずることといたしております。

移行先といたしまして御指摘ありましたみどり年金基金は、農業従事者の老後の生活のためにつくられたものであり、政府が今回の改正案で提示したものと同様の積立方式の年金制度でございます。

私どもの案は、農業者年金基金を清算し、新規の加入者こそ受け付けませんが、既存の農業者のための年金基金制度を活用し、複雑化した制度の整理を図っています。

従来の農業者年金基金が担っていたところの農業の構造改革、新制度における担い手対策などの政策支援制度もなくなるという御指摘につきましては、年金の手法という形はとりませんが、しかし、例えて言えば、新しい農業経営体系の創設支援や減反の見直し、また、直接補償のような骨太な施策等、政治が一時しのぎではなく本気で農業者に向かい合っていると信じられるような、農業者のやる気を引き出し、活力ある農業を育て、その活力ある農業を見て新たな担い手が集まってくるような政策を提案していきます。

何とぞ、この旨を御理解いただき、当案に御賛同願いまして、答弁といたします(15)」。

以上で紹介した点からも明らかなように、三村議員は、地方自治法、高齢者の住居安定確保法、農地法、および農業者年金基本法などに関して、造詣の深さが感じられる質問ないし答弁を行っており、大変な勉強家で研鑽を積んでいたことが理解できる。三村が衆議院議員として過ごした時は、44歳から47歳までであり、男として、また政治家として油ののった働き盛りであった。

第5節、おわりに—「衆議院議員」三村申吾

本章の冒頭でも述べたように、三村申吾は、2度目の挑戦でついに衆議院議員の座を手にした。国会では三村は、当時、本会議における首班指名投票で、自民党総裁の小泉純一郎に賛成票を投じて物議を醸した。そのため、民主党・無所属の会派から、離脱を余儀なくされている。[16]

この時の模様を、『読売新聞』は〝民主党・無所属クラブに2議員、首班指名で「造反」〟と題を付して次のように報道している。

「無所属の会の中田宏衆院議員（神奈川8区選出、当選3回）」と三村申吾衆院議員（青森2区　当選1回）は26日に開かれた衆院本会議の首相指名選挙で、小泉純一郎自民党総裁に投票した。両氏は民主党と同じ衆院会派「民主党・無所属クラブ」に所属しており、事実上の〝造反〟にあたる。

本会議終了後、中田氏は〝郵政民営化など小泉氏と同じ考えを持っており、（党派をこえて）一緒にならねばならない〟と述べた。また三村氏は〝小泉氏に期待したい〟と語った。

民主党の赤松広隆国会対策委員長は〝小泉氏への投票は与党入りすることだ〟などとして、両氏を「民主党・無所属クラブ」から除名するための会派離脱届を同日、衆院事務局に提出した。

民主党内には、小泉氏が掲げる首相公選制や郵政事業民営化などに共鳴する保守系の若手議員もいたため、〝小泉政権の支持率が高まれば、若手議員に動揺が広がる可能性がある〟との見方もある」[17]。

ここに見られるように、三村が国会＝衆議院において野党の議員として暴れ回った姿が浮かんでくる。三村はその後、小選挙区と比例代表合わせて480人も存在する一介の衆議院議員の座に見切りをつけ、知事選に転じて当選した。百石町長時代に続いて再び「首長」として采配を振るうことになる。各種の利権構造は、国会議員に比べたら首長＝知事の方が遥かに大きい、と思われる[18]。

知事に就任した、三村は町長から衆議院議員へと国政を目指した理由を聞かれ、「いまの仕組みでいいのか、小さな町や村の思いが国政に伝わっていないと感じた。そう思っているとき、小選挙区制の初の総選挙が実施された。地方の声や自分たちの真実をどんどん伝えたいと思った」、と述べている[19]。

最後に、現在では、『国会議員の秘書の給与等に関する法律』第20条の2の2に規定により、議員は配偶者を公設秘書に採用することが出来ない[20]。ただ、三村が衆議院議員当時、妹が公設の第2秘書として務めていた。

《注》

(1)新進党は、1994年末から1997年末にかけて活動した政党で、いわゆる「1955年体制」成立以後、自民党以外で初めて社会党を上回る数の国会議員を擁する政党であった。初代党首は海部俊樹で、2代目党首は小沢一郎。

(2)「無所属の会」は政党の一つで、約4年半にわたり存続。1998年11月「参議院クラブ」を結成、1999年12月「無所属の会」に変更、2004年7月解党。代表は椎名素夫→田名部匡省→渡部恒三。略称は無所会又は無の会。無所属の会と小沢一郎の自由党は参議院のみで統一会派を組んでいた。だが、2000年6月の衆議院総選挙後、6月29日に自由党が一方的に会派を離脱、自由党との共闘はなくなった。翌日6月30日、4人の衆議院議員が無所属の会に入党のまま既成政党の民主党と提携、院内統一会派「民主党・無所属クラブ」を衆議院のみで結成。無所属議員は、渡部恒三、中田宏、三村申吾、山口壮の4名で、中田と三村の両名は国会議員の椅子を捨てて地方首長（横浜市長、青森県知事）に転出。だが、残る2名の渡部と山口はのちに正式に民主党に入党している。

(3)『東奥日報』1996年10月21日。

(4)『東奥年鑑　1997年版』（東奥日報社、1996年）、173頁。

(5)「社説：21世紀に託した世代交代」『東奥日報』1996年10月21日。

(6)前掲書『東奥年鑑　1997年版』、173～174頁。

(7)『デーリー東北』1996年10月21日。

(8)『東奥日報』2000年6月26日。

(9)『陸奥新報』2000年6月26日。

(10)「三村氏、大差をつけ圧勝、三沢の8000票差が貢献」『デーリー東北』2000年6月26日。

(11)「解説」同上、2000年6月26日。

(12)「三村申吾衆議院議員の衆議院での発言一覧」『国会会議録検索システム』
http://www.shugiin.go.jp/internet/indeX.nsf/html/indeX.htm

(13)『衆議院農林水産委員会会議録　第3号』（2000年11月7日）、26～27頁。
http://www.shugiin.go.jp/internet/indeX.nsf/html/indeX.htm

議会での「質問」とは事実や所信（考え）を問いただすことで、自論を展開してもよい。一方、「質疑」とは与えられた議案の内容について分からない疑問を明らかにするために説明を求めることで、自論の展開は含まない。

(14)『衆議院総務員会会議録　第13号』（２００１年４月２日）、21～22頁。
http://www.shugiin.go.jp/internet/indeX.nsf/html/indeX.htm

(15)『衆議院会議録　第15号』（２００１年３月22日）、９～10頁。
http://www.shugiin.go.jp/internet/indeX.nsf/html/indeX.htm

(16)『朝日新聞』２００１年４月21日。

(17)「民主党・無所属クラブ２議員、首相指名で〝造反〟」『読売新聞』２００１年４月27日。

(18)藤本一美『青森県の初代民選知事：津島文治―「井戸塀政治家」の歩み』〔北方新社、２０１９年〕、１８７～１８９頁。

(19)塩田潮「《連載》地方のリーダーが日本を変える(18)三村申吾青森県知事―財政破綻の大危機克服へ〝黒衣に徹したこの１年　次は自らの〝ふるさと創生劇〟に挑む　編集者知事〟」『ニューリーダー』第17巻９号　通算２０３号〔２００４年９月〕、34頁。

(20)『国会議員の秘書の給与等に関する法律』。
三村申吾の妹は公設の第２秘書を務めていた。地元事務所での勤務定休はなく、月に１～２回、議員会館で勤務していた、という。
https://www.kyudan.com/data/secretary.htm、https://ameblo.jp/masashige9136/entry-10519084892.html

第五章、知事選挙

青森県庁

出典：https://ja.wikipedia.org/wiki/

第1節、はじめに

三村申吾は２００３年６月29日、ようやく手にした衆議院議員の座を捨てて青森県知事選挙に打って出て当選した。この２００３年には、青森県において１年間に２回にわたる知事選挙が実施されている。それは、木村守男・知事の「女性スキャンダル」絡みによるものであった。木村は１月26日に任期満了による知事選で３選されたばかりなのに、辞任を余儀なくされ、半年後の６月29日に再び知事選が行われることになった。[1]

三村は、この知事選で自民党に担がれて出馬したのである。衆議院議員を僅かに３年で捨てさり、首長に鞍替えしたわけだ。三村の政治経歴を見ると、政治家としていわば「三段跳び」で、知事の座に到達したことがわかる。すなわち、最初はホップで百石町長に当選、次のステップでは衆議院議員に当選し、そして、最後のジャンプで県知事へと当選を果たした。三村は町長職を４年、衆議院議員職を３年務めたに過ぎない。しかし、県知事の方は４期16年間務めたあげく、２０１９年６月２日には、何と知事５期目に挑み、「多選による弊害」批判を乗り越えて勝利を手にしたのである。[2]

三村知事は、今後特段に大きな事件や不正に遭遇して、辞任でもしない限り、青森県政史上はじめて、20年間という長期間政権を堅持し、県政を担当することになるだろう。一般的に20年といえば、子供が生をうけて成人に達し、社会人として世に出る時期にあたる。もちろん、第八章で詳述するように、三村知事への多選批判は２０１９年６月の知事選でも見られた。だが、それを乗り越えて勝利した。それでは三村は、これまで知事の座をどのようにして獲得してきたのか、それは極めて興味深い。

本章では、三村が過去５回挑戦した知事選挙の模様と、当選した際の記者会見の内容を検討する。時期的には、２００３年６月から２０１９年６月までの５回の知事選を対象に、勝利の要因を探る。三村はいかなる手法で支持者の多数を獲得することが出来たのか。それが本章の基本的課題である。

第2節、２００３年の知事選

任期満了に伴う第16回県知事選挙は、２００３年1月26日に投開票が行われた。無所属で、自民党、公明党、および保守党が推薦する現職知事の木村守男が31万３３１２票を獲得。民主党、自由党、および無所属の会が推薦する、弘前学院大学教授の横山北斗（22万９２１８票）に8万４０９４票の大差をつけて3選された。共産党と社民党が推薦する元浪岡町長の平野良一（3万４９７０票）、無所属新人で建築家の石舘恒治（７１８４票）は全く及ばなかった。投票率は49・68％で、史上最低を記録した前回を2・22ポイント上回ったものの50％台には届かず、知事選への有権者の関心は低く、最後まで盛り上がらなかった。(3)

今回の知事選は、木村守男県政の継続か、もしくは刷新かに有権者がいかなる判断を下すのかが最大の焦点となった。選挙戦では、地域経済の活性化や雇用対策、県財政の健全化、プルサーマル計画がとん挫した中での使用済み核燃料再処理事業の是非、および農林水産業の振興など極めて重要な課題が問われた。しかし、投票率が50％を割って低迷したのは、前回史上初めて独自候補の擁立を見送り自主投票にした自民党が、今回早々と現職知事の推薦を決め、自民党と対立してきた県内二大勢力の県民協会も独自候補の擁立を断念したほかに、各々の推薦政党などが前面にでなかったからだ。(4)

確かに、木村守男は3選されたものの、その直後に、県政を揺るがす大問題が生じた。『週刊新潮』(２００3年2月6日号)が木村知事の女性問題を「セクハラ事件」として、赤裸々に報道したのである。知事の女性問題をめぐって、県議会が木村知事に対する辞職勧告決議案を可決するなど大混乱。結局、木村知事は、２度目の不信任決議案提出の動きが強まる中で、５月15日、「一身上の都合」を理由に、上野正蔵・県議会議長に辞職願を提出し、翌16日、満場一致で辞職が認められた。(5)

そこで、知事の辞職に伴う第17回県知事選挙が、６月29日に行われることになったのである。結果は、無所属で前衆議院議員の三村申吾が29万６８２８票を獲得、同じく無所属で大学教授の横山北斗(27万６５９２票)に2万２３６票の僅差で初当選した。当選者と次点者との票差は、戦後本県の知事選では最小であり、知事に当選した三村は47歳の若さを誇り、過去最年少の知事であった。知事選には、無所属新人の柏谷弘陽(2万１７０９票)や、共産党公認の高柳博明(1万９４２票)も立候補したが及ばなかった。投票率は52・46％で、前回を2・78ポイント上回った。(6)

知事選は事実上、三村と横山との一騎討ちとなり、秋に予定されている衆議院の解散・総選挙をにらんだ、自民党、民主党など与野党の対決構図を背景にして、県政最大の課題である財政再建方策や今後のかじ取りを託す〝知事の資質〟が鋭く問われた。

自民党は、出馬声明からわずか1ヵ月という三村の知名度不足を補うため、中央から党3役をはじめ閣僚級の大物政治家を投入、職域に縛りをかけるなど党営選挙に徹し、中盤までの劣勢を総力戦で巻き返した。一方、1月に続く再度の知事選出馬となった横山候補の方は、県民協会など非自民勢力の支援を受けて、各政党・団体と等しく距離を置く〝純粋無所属〟を標榜して選挙戦を展開した。しかし、一歩力が及ばず敗退を喫した。(7)

敷衍しておくと、木村守男前知事の辞職に伴う第17回県知事選挙は2003年6月29日に行われ、前衆議院議員の三村申吾が、大学教授の横山北斗に2万236票の差をつけて初当選した。今回の知事選は、女性問題をめぐり県政が大混乱の末に辞職した前知事の、8年余の県政に対する評価と知事の〝素質〟が焦点の一つとなった。立候補したのは都合4人で、各々前県政の刷新、見直し、および検証を訴え、自己の考えを鮮明に打ちだした。選挙戦では、自民党など国政与党3党が推薦する三村と、国政野党と県民協会など非自民勢力が推薦する横山が接戦を繰り返し、一歩抜け出た。これを、無所属の柏谷弘陽と共産党公認の高橋博明が追う展開となった。(8)

三村は、佐々木誠造・青森市長の擁立に失敗した自民党の要請を受けての出馬であり、党営選挙並みの強力な支援を受け、百石町長や衆議院議員の経歴を前面に出して、県政安定化を強く訴え、郡部中心に組織票を固めた。だが、選挙戦の前半では、三村がこれまで2度にわたり自民党公認候補と衆議院選を戦った経歴や佐々木市長の不出馬を招いた党内の不協和音、また党県連が木村の不信任決議に動いたことなどが党組織の足かせとなった。しかし、中盤以降、自民党内はなんとかまとまり、本来の組織力を発揮し、最後は逆転した。

一方、横山は前回の知事選で得た知名度を最大限に生かして〝純粋無所属〟を標榜、県民協会を含む非自民勢力が支援して結集するなど、選挙戦の前半では三村を上回る勢いを見せた。だが、横山には行政の経験がないことが懸念され、そのため、中盤以降は支持の拡大は止まりがちで、終盤に入って勢いを増した三村候補に逃げ切られた。[9]

『東奥日報』は、「社説：新知事の手腕に期待したい」の中で、今回の知事選の結果を次のように報道した。

「新しい知事は三村申吾氏に決まった。47歳という若い知事の誕生である。1年生知事にとっては重すぎるほどの課題を背負った船出となるが、斬新で柔らかな発想を持って立ち向かい、本県の新しい時代を切り開いてほしい」と要望。その上で、「今年1月に行われた知事選の直後に木村守男前知事の女性問題が報道された。それから半年、これほど情けない問題で県内が揺れ続け、県政の足かせとなった例は過去にあっただろうか。県住宅供給公社の14億円横領事件などと相まって、県内の誇りと自信はずたずたにされたのである」と苦言を呈し、最後に「1日も早くこれを回復させることこそ、新知事の最初の仕事であろう。本県のすばらしさ、県民の力を、もう一度県内外に発信してもらいたい」、と要望した。[10]

知事選で初当選した三村申吾は、記者団からのインタビューに応じて、次のように決意と抱負を語った。接戦だった知事選をどうにか乗り切った安堵感が滲んでいる。

―有権者に何が支持されたと思うか。

「青森県の新生・再生の方向をこつこつと訴え、政党や諸団体の大きな支援がいい形に結集した。その責任の重さも、心に感じている」。

―今後の県政で改革したい点は何か。

「公約を成し遂げていく中で、われわれや次の世代が安心して暮らせる県づくりの在り方を示していきたい」。

―県財政の再建にどう当たる。

「県の借金は1兆3千億円と言われているが、公社などを含めた全体の額を確定させた上で再建策をつくり、実行する必要がある。何よりも情報公開が重要だ」。

―県政の信頼回復にはどう取り組むのか。

「県民や県議会と対話する機会を自ら積極的につくり、率直に意見交換していく」。

―対立候補と接戦になったが。

「県民はいろんな考えを持っている。理解してもらう努力をしていかねばならない[11]」。

『デーリー東北』が実施した出口調査によれば、知事に初当選した三村に対して人柄や経験のほか、これまでの政治的実績を評価する意見が多かった。また、三村を選択した有権者のうち「人柄や資質」を基準に選んだ人が、約3分の1を占めた[12]。

後の章で述べるように、新知事となった三村は、選挙期間中に県財政の再建と経済・雇用対策の両立という、難しい公約を訴えた。また、空席となっている副知事、出納長人事も早急な決断が迫られた。

三村新知事は7月1日に初登庁。1月末に3選を果たした木村前知事が女性問題で5月に辞職して以来続いた県政の混乱に終止符が打たれることになり、県民にとって、喜ばしいことであった[13]。

第3節、2007年の知事選

任期満了に伴う知事選は2007年6月3日に行われ、無所属で現職の三村申吾が35万1831票を獲得し、共産党公認の新人・堀幸光（4万8758票）と無所属新人の西谷美智子（4万3053票）に圧倒的大差をつけて再選された。今回の知事選では、民主党が出馬を見送ったこともあり、三村への「信任投票」となった感がある。そのため、選挙戦は終始盛り上りに欠け、有権者の関心も低く、投票率は過去最低の38・45％に終わり、ついに40％を割った[14]。

敷衍しておくと、知事選挙は、2007年6月3日に行われた。結果は、無所属で現知事の三村が35万余票の圧倒的大差で他の2人の候補を下して再選された。共産党の堀は県政転換を掲げ「反三村・非自民票」の取り込みを狙ったものの、票は伸び悩んだ。また無所属新人の西谷は「再処理工場のアクティブ試験反対」をとなえ、一定の票を集めたが力が及ばなかった。

選挙戦は六ヶ所村再処理工場の本格操業や、2010年の東北新幹線新青森駅開業、全国で最低水準にある雇用問題、地域医療の立て直し、および都市部と地方をはじめとする各分野での格差是正など県政の課題が山積する中で、三村県政1期4年間の是非が問われた。

だが、今回の知事選では、民主党の不戦敗、社民党も自主投票を決め、前回のような保守対決の構図にはならず、また各候補者の主張もかみ合わなかった。現職の三村の「信任投票」といった色彩が濃く、選挙戦は終始盛り上がりを欠いた。

三村は、行財政改革や攻めの農林水産業など、1期4年間の成果を強調して、行財政改革の推進、向う4年間で農林水産物の輸出倍増、ガン対策先進県などの選挙公約を掲げ「ステップアップ」を訴えた。また推薦する自民党が組織戦を展開するなど、厚い支持基盤に支えられて、現職の強みと知名度を生かし優勢なうちに戦いを進めた。

これに対して、堀は三村県政を「県民に冷たい」と強く批判、三村の政治姿勢を問題視、正規雇用拡大のための助成制度の拡大、県による医師養成、および福祉充実を公約した。堀陣営は、党営選挙を展開する一方、民主党、社民党が自主投票となったことで「党派を超えて」を旗印に批判票の受け皿となることを狙ったが及ばなかった。西谷は、１９９５年の知事選以来の女性候補として、再処理工場の本格操業の停止、核燃料サイクルの見直しを前面に訴えて独自の戦意を展開した。だが、出馬表明が告示8日前と出遅れたのが響き敗退した。(15)

『東奥日報』は、「社説：〃負の連鎖〃を断ち切る県政を―知事に三村氏再選」の中で、今回の知事選の結果を次のように分析している。

「勝敗は、政策の優劣によるというより、組織・選挙態勢の優劣で決した感もある。各候補の主張もあまりかみ合わない。盛り上がらない選挙戦は、投票率に明確に表れた」と主張。その上で、「保守が激突せず、前回最低だった8年前の47・46％を大きく下回る38・45％。衝撃的な低さだ。有権者の5人に3人強が、県政のかじ取り役を選ぶ大事な権利を使わない。とても残念だ」と懸念を示し、最後に「その主な責任は、国政でも県政でも野党第1党の民主党にある。三村陣営の最大のライバルが、参院選も迫っているのに知事候補も立てられない。棄権の多さは、そんな民主への不満とみてとれた。選挙への関心を薄め、県民の政治離れを促してしまった心配もある」、と批判した。(16)

再選された三村は、記者団とのインタビューの中で、次のように抱負と課題を語った。選挙戦を通じて、有権者から「産業と雇用」への要望が多かったことを認識した発言である。

—2期目の抱負は。

「1期目は、さあやるぞと勢いで進んだ。これから4年間、知事を務めると思うと、すごく重いものを感じる。また、しっかりと働きたい」。

—県民の要望が強いと感じたのは。

「産業と雇用だ。ここで働き、暮らしていける。そういう青森にしてくれという思いが強かった。そして再び4年間、財政再建に向け、もっと働かなきゃと思った」。

—経済活性化へ具体的にどう取り組むか。

「攻めの農林水産業や青森ツーリズムなど得意分野を伸ばし、新幹線の開業対策も進める。ものづくり産業の活性化に向け、ベンチャーファンドができる。県内の人が青森の技術、青森の資本で、仕事をつくる仕組みを工夫する」。

―今後の財政再建をどう進める。

「財政の問題、元金ベースのプライマリーバランスの達成に向け、少しずつプラスを重ねていきたい。財政健全化のために経済を元気にして（税収を上げて）いくことが大切で、産業や雇用対策が重要になる」。

―医師不足対策は。

「（医学生に学費などを貸し出す対策に取り組んでいるが）医師が育つまでの数年間が非常に厳しい。青森で医師として思い切り仕事をし、技術を高める仕組みを整えていきたい[17]」。

確かに三村は、知事選で再選を果たした。しかし目の前には、六ヵ所村の使用済み核燃料再処理工場の本格稼働が年内に計画されており、2期目の三村県政にとって大きな課題として立塞がっていた。また、県内経済の底上げや医師確保、県財政の再建、新幹線の新青森駅までの延長で経営分離される並行在来線の維持など、多くの課題が待ち受けている。[18]

『デーリー東北』は「時評：〝裸の王様〟になるなかれ」の中で、当選した三村知事に次のような課題を突きつけた。

「総理大臣と異なり知事職は住民が直接選挙で選び〝地方の大統領〟といわれる。それだけに権限は絶大だ。万が一、聞こえのいい情報ばかり集めて反対意見を排除する方向になれば、組織はすぐに緊張感を失い、知事は〝裸の王様〟になってしまいかねない。誘惑の多い中で自身と組織を律するには、情報公開の促進が不可欠だ[19]」。

第4節、2011年の知事選

任期満了に伴う第19回知事選挙は、2011年6月5日に実施され、自民党、公明党が推薦した無所属現職の三村申吾が34万9274票を獲得し、民主党と国民新党が推薦した無所属新人で元県議の山内崇(8万3374票)に26万5900票の大差をつけて3選された。共産党公認で新人の吉俣洋は3万5972票に留まった。選挙戦は終始盛り上がりを欠き、投票率は41・52%で、前回よりも3・07ポイント上回ったが、過去2番目の低さであった[20]。

三村は、全県的組織を有する自民党と公明党の全面的な支援をバックに、盤石な態勢で選挙戦に臨み、県債残高の減少、戦略的企業誘致、および医師確保など2期8年の実績をアピールし圧勝した。これに対して、山内は、県政刷新を訴え、政策本位の選挙を繰り返したが、支持は拡大しなかった。また吉俣は、原発の新増設と再処理工場の運転中止を主張したものの、有権者への浸透は今ひとつであった[21]。

より詳しく述べると、県知事選は2011年6月5日に行われ、現職の三村が元県議の山内と共産党県書記長の吉俣を大差で破り3選を果たした。東日本大震災からの復興や原子力政策の在り方が主な争点となったが、候補者同士の主張の違いは明確にされなかった。また、財政再建や三村県政2期8年の評価に関する論争も、震災関係のテーマの影に隠れてしまい、有権者の関心を引きつけることが出来なかった。[22]

三村は、収支均衡予算の実現をはじめとする行財政改革、200社の企業誘致と増設、県産品のトップセールスなどの実績を強調し、また、原子力政策については、独自の「検証委員会」を設置して安全性を確保すると訴えた。さらに、復興に関して「最大の責務は県民の生命と財産を守り抜くこと。危機の時こそぶれることのない政策実行が必要」だとして、県政継続への理解を求めた。[23]

一方、山内は、「政治には実行力とリーダーシップが何よりも大事」とし県政の刷新を訴えた。また、「政策本位の選挙」を繰り返し強調、安全性が確保されるまで原発の新設凍結、弘前市を医療発展先導地域とすることや、オーダーメイド型貸出工場復活用への無利子貸付金29億円の即時見直しなどを掲げたが、しかし、支持は拡大しなかった。吉俣は、原発の新設と再処理工場の運転を中止すると主張、自然エネルギー開発の推進により、経済・雇用につなげる考えを示したものの、有権者への浸透はいま一歩であった。[24]

『陸奥新報』は「社説：公約実現で県政の課題解消を―三村氏3選」の中で、今回の知事選を次のように総括している。

「県知事選で、自民・公明推薦の現職三村申吾氏が民主・国民新推薦の山内崇、共産党公認の吉俣洋の両新人に大差をつけて3選を果たした。三村氏は行財政改革や企業誘致など2期8年の実績を訴えたほか、県民に不安が広がる原子力施設の安全性についても県独自で検証する方針を強調し、県内全域で幅広い支持を集めた」と指摘した。その上で、「山内氏は国政与党の民主が8年ぶりに擁立した独自候補として、県政第1党の自民が推薦する現職に果敢に挑んだが、知名度不足などが響いて思うように浸透できず涙をのんだ」と分析。最後に、「有権者の審判は表面上、県政刷新より現県政の継続を選択した格好だが、内実はそうでもないことは低調な投票率を見れば一目瞭然である」、と結んだ。(25)

3選を果たした三村知事は、記者団からの取材に応じて「震災の復興に加え、1番の課題である産業・雇用をもう1度元気にする」として、次のように3期目の決意と課題を語った。

―争点となった原子力政策については。

「国や事業者が安全だと言ったとしても、幅広い専門家で構成した委員会で検証する」。安全性が確認できなければ、「駄目なものは駄目と申し上げることが大事」だとし、「場面場面で検証して判断していく」。

―大差での勝因について。

「これまでの8年間、行財政改革や医師確保などを約束したことをこつこつと積み重ねてきたことと、スピード感を持って震災からの復興に道筋を示し、具体化に向けて取り組んできたことが評価された」。

―3期目に取り組む施策について。

震災からの復興や、産業・雇用対策、観光産業の推進などを挙げ、「しっかりと施策をもって進めていく」。

―投票率が過去2番目に低かった点について。

「投票率が上がるような知事であるよう、さらにしっかりと仕事をしていくことが大事(26)」。

既述のように、今後の県政のかじ取り役を決める知事選は、三村が現職としての知名度、並びに自民党、公明党の組織力を生かして圧勝で終わった。だが、県民が知事に求めているのは、何よりも深刻な雇用情勢の改善をはじめ、東日本大震災からの早急な復興、および原子力施設の安全性に対する不安の解消に他ならず、これを忘れてはならない[27]。

第5節、2015年の知事選

任期満了に伴う第20回県知事選挙は、2015年6月7日に投開票が行われた。自民党、公明党が推薦する、無所属で現職の三村申吾知事が35万5914票を獲得し、共産党、社民党が推薦する、無所属新人の大竹進（12万7525票）に22万8389票の大差をつけて4選を果たした。投票率は、43・85％で、前回より2・33ポイント上回ったとはいえ、過去3番目の低さであった。

三村知事は、前年（2014年）11月に出馬表明し、自民党県連の推薦を受け、過去3回の選挙戦と同じく支援態勢を構築。また公明党や後援会組織を加えた組織戦を展開し、その高い知名度を生かして選挙を戦い、終始リードを保ち、市町村長らの全面的な支持を得て勝利した。(28)

敷衍しておくと、2015年6月7日に行われた知事選では、現職の三村が大竹に大差をつけて4選を果たした。戦後の青森県知事として4選したのは、故竹内俊吉（在任期間1963〜79年）、および故北村正哉（同1979〜95年）に続いて三村が3人目であった。

選挙戦は1979年以来36年ぶりの一騎打ちとなり、3期12年の三村県政に対する評価、人口減少対策、および地方創成が大きな争点となった。こうした状況の中で、三村は県政史上初めて県債務残高を減少させた行財政改革、企業誘致・増設、新産業育成などによる雇用創出、および東北地方10年連続トップの農業産出額に示される「攻めの農水産業」を強調した。三村は、自民党県連と公明党からの推薦を受けた他に、多くの市町村長、業界団体からの支持を取り付け万全な構えで選挙戦に臨み、勝利を手にした(29)。

一方、大竹は反原発・核団体の代表を務めており、原発の再稼働、新増設、および核燃料サイクル政策への反対姿勢を明確にし、その是非を問う「県民投票条例」の制定などを訴えた。選挙戦では、推薦した共産党、社民党本部から幹部を招くなど全面的な支援態勢を敷いた。しかし、県南地方での知名度不足もあって、有権者への浸透は今一つであった(30)。

4期目の当選を果たした三村知事は、記者会見の席で、次のように答えて多選批判をかわした。

—人口減少社会への具体的取組は。

「研究開発型の企業誘致や6次産業化など得意分野で伸ばせる部分を伸ばし、雇用拡大や地域活性化を図りたい。青森県にきていろんなことにチャレンジできる、具体的なパターンを示していきたい」

—原子力政策はどう進めるのか。

「火力、再生可能なエネルギー、原子力などのベストミックスを図ることが現実的な考え方。原子力規制庁の判断を注視し、安全に関することはしっかりと申し上げていきたい」。

—多選批判にどう答える。

「選挙は自分を鍛える場だが、やるべきことはまだある。もっと働けという叱咤激励(しったげきれい)をいただいた。最大の努力、成果を目指して頑張れ、という声が多かったと感じた」。

―4期目への抱負は。

「頑張れの応援はまだまだ、もっと頑張れという声だと思う。〝世のため人のため〟を大切にし、次世代も青森で生きてよかったと言われるよう、何事にも全力で取り組む(31)」。

『東奥日報』は、「社説：地方再生のかじ取り役を―三村県政4期目へ」の中で、今回の知事選を次のように総括している。

最初に、「36年ぶりの一騎打ちとなった知事選は、向う4年間の県政のかじ取り役を選ぶ重要な選挙にもかかわらず、最後まで盛り上がりを欠いた」と指摘。その上で、「自民党県連と公明党の推薦を受けた現職の三村申吾氏が35万5914票を獲得し4選を果たした。財政健全化、企業の誘致・増設、攻めの農林水産業など3期12年の実績を強調するとともに、知名度と組織力を存分に生かしての圧勝だった」と論評した。最後に、「共産党と社民党が推薦した新人の大竹進氏は県政刷新を訴え現職に挑んだが、12万7525票にとどまった。同氏は反原発・反核燃を最大の対立軸として打ち出したものの、三村氏は安全性重視の姿勢を強調しつつも原子力政策そのものの是非には踏み込まず、両氏の論戦はすれ違いに終わった」と結んだ(32)。

同じく、『デーリー東北』も「時評：求められる県民との協同」の中で、三村4選後の課題について、長期政権の成果が求められると次のように報じた。

「4期目ともなれば、いよいよ長期政権の域に入る。1～3期で県政発展に向けた基盤を固め、さまざまな仕掛けを講じたとすれば、まいた種の花を咲かせるのが次の4年間だ。成果という結果が求められる[33]」。

三村は、当選確実の速報が入り、万歳三唱の後に選挙事務所で「多様な自然と、そこに根付く生業(なりわい)の存在をあらためて感じた。一つ一つの町や村が良くならなければ、青森、日本は良くならない」と強調した。だが、三村にとっては、人口減少克服などで結果を出す責任が目の前にあり、選挙公約で掲げた「未来創造」という言葉に偽りのないことを証明すべき時期にきている、といわねばならない[34]。

第6節、2019年の知事選

任期満了に伴う知事選は、2019年6月2日に投開票が行われた。その結果は、無所属で現職の三村申吾（63歳）が32万9048票獲得、無所属新人の佐原若子（65歳）に22万3582票の大差をつけて勝利し、県政史上初の5選を達成した。投票率は40・08％に留まり、前回を3・77ポイント下回り、過去2番目の低率に終わった。[35]

三村は、前年（2018年）11月に出馬を表明、「攻めの農林水産業」を推進、企業誘致や起業・創業支援など「経済を回す」仕組みづくりを進めてきた実績をアピール。また、人口減少克服を最重要課題とし、医療・福祉、さらに、人材育成など充実を掲げ、県政の継続を訴えた。三村は、自民党と公明党の推薦があり、盤石な組織戦を展開した。また、県選出の国会議員、市町村長、および各種団体があげて支援するなど、県内全域で手堅い票を集めた。

一方、佐原は原子力施設に対する県独自の検証委員会を設置し、原発ゼロを目指すことを表明。医療無料化、社会的弱者への支援の充実などを公約に掲げて戦った。佐原は、立憲民主党、国民民主党、共産党、および社民党4党の支持を受けて、現県政への批判票や不動票の取り組みに躍起となった。だが、出馬表明が4月と遅れ、しかも初めての選挙で知名度不足などがたたり、獲得票は10万5466票に留まった。[36]

以上の点を敷衍しておくと、今回の知事選は4期16年にわたった三村県政の評価が問われ、事実上、「信任投票」だったといってよい。結果は、三村知事が再び県政を担うことになった。しかし約6割の有権者が投票を棄権したし、また訴えた実績や施策の方向性で十分な信任を得たとは言い難い。

三村と佐原との獲得票の大差は、知名度と組織力の大きさに尽きる。実際、佐原の出馬表明は告示まで1ヵ月を切った4月20日で出遅れ、多選禁止を訴えたが、4期16年知事を務めてきた三村との知名度の差は歴然で、最後までそれを埋めることができなかった。また、両候補の公約を比較してみても、原子力関連を除いて政策の相違がはっきりせず、しかも消費税の引き上げや憲法第9条改正への反対を絡めたことで、論戦はかみ合わず盛り上がりを欠いたのは否めない。選挙戦では、多選批判もあったが、「他に適任者がいない」との声も少なくなかった。[37] ある自民党のベテラン県議の話に端的に示されているように、三村は5選目に向けて着実に足場を固め、まったく「相手に付け入る隙を与えなかった」のである。[38]

知事選で5期目の勝利を手にした三村は、記者団とのインタビューで次のように語り、「青森県型地域共生社会」の実現を訴えた。

―県政史上初の5期目をどう受け止めるか。また抱負は。

「常に全力で仕事をしてきた。その積み重ねとしての形ではないのか。初心を忘れず、青森を絶対に良くするとの思いを仕事でしっかり示していきたい。課題である2030年以降の青森の在り方として〝青森県型地域共生社会〟の実現には丁寧な仕組みづくりが必要。いかに理解いただきながら市町村と進めていくかが大事だと考える」。

―投票率に対する受け止めは。

「一番大切なことは勝たせてもらったことに対してどれだけしっかりした仕事をしていくか。（投票しなかった）〝どちらでもない〟という方々にこそ〝よくやった〟と思ってもらえるように頑張りたい[39]」。

県政史上初めて5選を果たした三村に対して、『デーリー東北』は「時評：三村知事5選―さらなる成果を求める」の中で、次のように注文を突きつけた。

「県政史上最多の5選であり、これまで以上に成果が求められる。人口減少対策を柱とする各分野で取り組みを深化させてほしい。2018年の県内の人口は126万人台。ピークの1983年は152万人だったが、35年の間に約26万人減少した。……

課題は三村氏が把握しているはずだ。臨床研修医の年間80人維持、農業産出額3千億円台確保など、これまでの実績を大きな流れにする必要がある。県民の暮らし向上を実感できる県政の実現を願う[40]」。

第7節、おわりに―「県知事選」の勝者・三村申吾

本論でも紹介してきたように、２０１９年6月の知事選では、三村申吾は圧倒的票差で勝利し、５期目も知事職を務めることになった。もちろん、県政史上初めてのできごとである。

選挙戦を通じて「青森県を絶対につぶさない」として、２００３年6月の知事就任時からの思いを強調した。また、知事就任時には、危機的状況にあった県財政の健全化に努め、２０１７年度当初予算では27年ぶりに基金取り崩し額ゼロの収支均衡を実現させ、以後3年間連続で継続するなど、行財政改革を推進してきた。

農業産出額は14年連続東北第1位を達成、また、外国人の延べ宿泊数が２０１１年の東日本大震災以降、約5倍に増加したことなど、三村知事は具体的数字を挙げて県政継続への理解を有権者に求め、それらの実績が奏功したことは否めない[(41)]。

ただ、その一方で、三村知事は選挙戦において、人口減少対策、短命県返上をはじめとして、医療、福祉、農業、および人材育成など多岐にわたる公約を掲げたものの、しかし、問題解決に向けた具体的な処

方con策を明確に示したとは、言い難い。

また地域で安心して老後を迎えることができるよう住民同士で支え合う「青森県型地域共生社会」の実現を掲げたが、5期目では集落が生活機能を維持していく道筋を示すことが不可欠である。さらに、核燃料サイクルの中核となる再処理工場や東通原発などは施設の稼働がずれ込み、先行きが見通せない状況にある[42]。

三村は見事に知事選で5選を果たしたとはいえ、その目前には、今後の青森県にとって、高齢者対策、人口減少への対応、および核廃棄物の処理問題など、行政の最高責任者としてのかじ取り如何で、大きな責任を負う課題が山積している。

図表①と②で示したように、投票率は低迷している中で、得票数が30万票台を保持しているのは三村知事の強みである。２０１１年の知事選の際、民主党県連代表だった横山北斗は、知事選挙で野党候補が勝利する困難さを次のように吐露しており、「三村一強」時代は当分の間崩れそうにもない。

「2期目、3期目の現職知事には、県民世論を二分するようなものがないと選挙で勝つのは難しい。十分な争点をつくりだすのに失敗した[43]」。

確かに、三村知事の長期政権を倒すには、強力なリーダーシップを発揮できる「魅力ある候補者」と県内を二分するような「大きな争点―問題」が生じない限り不可能であると思われる。しかしながら、次回の知事選では、必ず「多選（6選）・高齢（67歳）」に対する県民の批判が生じるのは避けられない。

〈図表①〉戦後県知事選の投票率

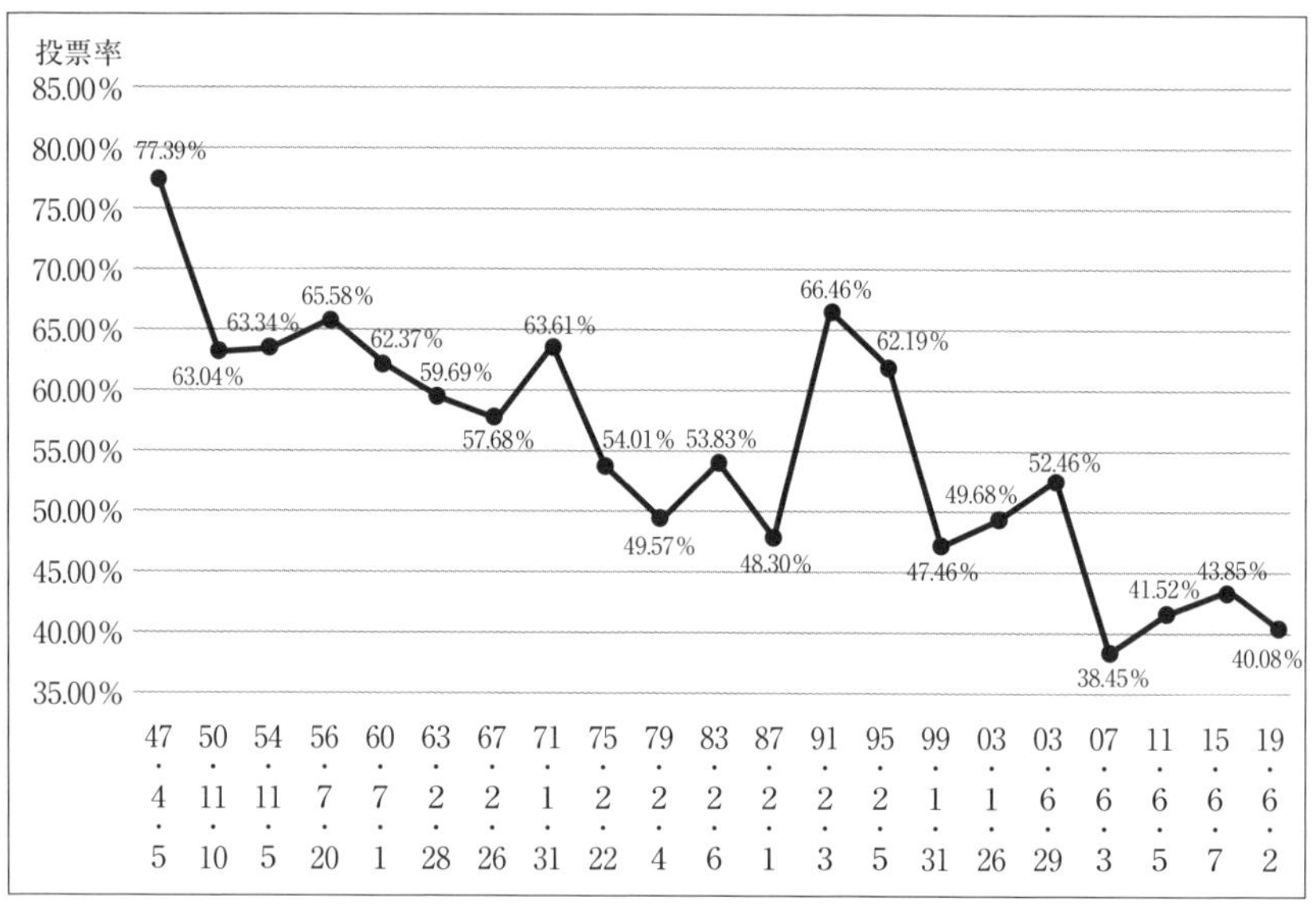

出典：「選挙の記録」『青森県選挙管理委員会』
https://www.pref.aomori.lg.jp/soshiki/senkan

〈図表②〉近年16年間の知事選の投票率、得票数、次点との票差、当選者の年齢

施行日	投票率（%）	得票数	次点との票差	年齢（歳）
２００３年６月29日	５２・４６	29万６８２８	２万２３６	47
２００７年６月３日	３８・４５	35万１８３１	30万３０７３	51
２０１１年６月５日	４１・５２	34万９２７４	26万５９００	55
２０１５年６月７日	４３・８５	35万５９１４	22万８３８９	59
２０１９年６月２日	４０・０８	32万９０４８	22万３５８２	63

出典：「選挙の記録」『青森県選挙管理委員会』
https://www.pref.aomori.lg.jp/soshiki/senkan　に基づき筆者が作成。

《注》

(1)藤本一美『戦後青森県政治史　１９４５年～２０１５年』〔志學社、２０１６年〕、第三部、第2章を参照。評論家の塩田潮は、次のように三村の政界転出劇を皮肉っている。「政界に踏み出してわずか11年で町長、衆議院議員、知事と駆け足で階段を駆け上った。だが、町長も衆議院議員も1期だけですぐに鞍替えという三村の選択に厳しい視線を向ける人もいる。〃変わり身が早くて世渡り上手〃〃腰が定まらない〃といった批判が一部にある」（塩田潮「《連載》地方のリーダーが日本を変える⒅三村申吾青森県知事―財政破綻の大危機克服へ〃黒衣に徹したこの1年次は自らの〃ふるさと創生劇〃に挑む　編集者知事〃」『ニューリーダー』第17巻9号　通算２０３号〔２００４年9月〕、36頁）。確かに、その点は三村申吾自身の短所であるが、一方で長所でもある。知事職を17年も務めているので、現在ではその批判はあたらない。

(2)『東奥日報』２０１９年６月３日。

(3)『陸奥新報』２００３年１月27日。

(4)同上。

(5)『東奥年鑑　２００４年版〈記録編〉』〔東奥日報社、２００３年〕、76頁。詳細は藤本一美『戦後青森県の政治的争点　１９４５年～２０１５年』〔志學社、２０１８年〕第七部第４章を参照。

(6)『東奥日報』２００３年６月30日。三村の知事選出馬は、当時自民党の県連会長であった津島雄二に口説かれたからだ、という。ただ、自民党側には、三村の知事擁立に抵抗感を示す向きもあった。何故なら、過去に自民党候補に挑んで衆議院議員に当選した経緯があったからだ。しかし、三村は早い段階から自民党との距離を詰める運動を展開、入党を示唆し、自民党が推す木村前知事との連携を表明していた。

　評論家の塩田潮は、三村本人が「知事は想定外」だと話していたものの、「着々と布石し、機会があれば受けて立つ気構えだった」と指摘している（前掲論文、塩田潮「《連載》地方のリーダーが日本を変える(18)三村申吾青森県知事―財政破綻の大危機克服へ〝黒衣に徹したこの１年　次は自らの〝ふるさと創生劇〟に挑む　編集者知事〟」『ニューリーダー』、32～33頁）。

(7)『陸奥新報』２００３年６月30日。

(8) 前掲書『東奥年鑑　２００４年版〈記録編〉』、27頁。

(9) 同上、28～29頁。

(10)『東奥日報』２００３年６月30日。

(11)「三村新知事抱負―財政状況全容明らかに」『デーリー東北』２００３年６月30日。

(12)「実績評価した有権者」同上。

(13)「自民底力　三村氏が初当選」同上。評論家の塩田潮は、知事１期目の三村について、次のように分析する。
「最初の１年間、三村は〝編集者知事〟だった。自身の編集者体験に加えて、県政の新人、大きな批判票、足取りの不安定さ。固まっていない政治基盤といった不安材料を克服するには、県庁内部にも外部にも黒子型の編集者知事で臨むのがベターという判断があったのだろう」（前掲論文、塩田潮「《連載》地方のリーダーが日本を変える(18)三村申吾青森県知事―財政破綻の大危機克服へ〝黒衣に徹したこの１年　次は自らの〝ふるさと創生劇〟に挑む　編集者知事〟」『ニューリーダー』、36頁）。ただ、この当時、父親の輝文が県会議員を何期も務めており、県庁内部の情報と雰囲気は十分に伝わっていたはずだ。

(14)『陸奥新報』２００７年６月４日。

(15)『東奥日報』２００７年６月４日、『陸奥新報』２００７年６月４日。

⒃「社説：〝負の連鎖〟を断ち切る県政を—知事に三村氏再選」『東奥日報』２００７年６月４日。

⒄「重いものを感じる—三村氏インタビュー」『デーリー東北』２００７年６月４日。

⒅「再処理創業へ責任重く」同上。

⒆「時評：〝裸の王様〟になるなかれ」同上。三村申吾知事は、２期目の当選後、インタビューで「休日はどのように過ごされますか」と聞かれて、「休日はほとんどありませんが、空いた時間は一生懸命本を読んでいますね。もともと、純文学が好きなこともあって、改めて文庫本になった作品などを読んだりしています。それから、運動不足解消を兼ねて自転車で体を鍛えています」と答えている（「この人この時　〝地域力を結集し、新しい青森の創造へ〟青森県知事　三村申吾氏」『東北ジャーナル』２００７年８月号、17頁）。

⒇『東奥年鑑　２０１２年版』（東奥日報社、２０１１年）、９頁。
㉑『東奥日報』２０１１年６月６日、『陸奥新報』２０１１年６月６日。
㉒『東奥日報』２０１１年６月６日。
㉓『陸奥新報』２０１１年６月６日。
㉔同上。
㉕同上。
㉖「復興、産業・雇用に重点—３選の三村氏」『デーリー東北』２０１１年６月６日。
㉗同上、２０１１年６月６日。
㉘『東奥日報』２０１５年６月８日。
㉙同上。
㉚同上。
㉛『デーリー東北』２０１５年６月８日。
㉜「社説：地方再生のかじ取り役を—三村県政４期目へ」同上、２０１５年６月８日。
㉝「時評：求められる県民との協同」同上。
㉞「解説」同上。
㉟「三村氏　県政初５選」『陸奥新報』２０１９年６月３日。
㊱「三村氏　大差５選」『東奥日報』２０１９年６月３日。「青森知事　三村氏５選」『河北新報』２０１９年６月３日。

(37)「解説：信任　十分といい難く」『陸奥新報』２０１９年６月３日。
(38)「〈青森県知事選〉５選の明暗（上）　圧勝の三村氏、強固な組織　隙与えず」『河北新報』２０１９年６月４日。
(39)「三村氏一問一答」『陸奥新報』２０１９年６月３日。
(40)「時評：三村知事５選─さらなる成果を求める」『デーリー東北』２０１９年６月３日。
(41)「三村氏　県政初５選」『陸奥新報』２０１９年６月３日。
(42)「寿命、人口　重い課題─三村氏知事５選、かじ取り　大きな責任」『東奥日報』２０１９年６月３日。
(43)「青森県内５政党コメント」『デーリー東北』２０１１年６月６日。

第六章、選挙公約

2019 年 6 月、知事選で演説する三村申吾

出典：https://senkyo-netde.com/aomori/1763/

第1節、はじめに

一般に、「選挙公約」とは、選挙に立候補した者が当選後に実施すると有権者に対して約束する事柄であって、特に、公職選挙において候補者や所属政党が実行を有権者に示す〝政策〟である。従来、候補者が公職選挙で明らかにする選挙公約といえば、ともすれば抽象的な内容が多く、単なる努力目標としてとらえられがちであり、深く追求されることが少なかった。

しかし、選挙公約は、候補者が当選した場合に実施すると有権者に約束した政策であるのだから、それを守らなければ、次回の選挙では落選を余儀なくされる場合も当然ありうる。したがって、選挙公約の中で有権者に示した政策は、候補者を選ぶ際の判断材料として極めて重要である。近年では、いわゆる「マニフェスト（政権公約）」選挙に象徴されるように、選挙の際における公約の重要性が増しており、公職への候補者はその内容に大きな時間と精力をつぎ込むようになっている。

本章では、衆議院総選挙および知事選挙に立候補した際の、三村申吾の選挙公約を紹介し、その内容を分析する。その上で、選挙公約の重点と特色を明らかにしたい。

第2節、衆議院総選挙の選挙公約

①1996年の衆議院選

1996年10月20日に行われた衆議院総選挙の際に、三村申吾は無所属の会から初めて衆議院選挙に出馬した。三村が公表した選挙公約は、以下の通りであり、冒頭のキャッチフレーズでは「〃豊かさ〃を実感できる地域社会の創造！」と謳っている。次いで、3つのチャレンジを示している。すなわち、①暮らしをつくる（すこやかな快適社会の形成）、②道をつくる（高速交通体系と情報インフラの整備）、および③街をつくる（過疎を生かした地域づくり）である。これらの壮大な内容が有権者に十分に届かなかったようだ。総選挙の結果、三村は自民党公認の江渡聡徳に惜敗したのである。[1]

〃豊かさ〃を実感できる地域社会の創造！

—三村申吾「3つ」のチャレンジ

1、暮らしをつくる（すこやかな快適社会の形成）

〔住む地域に豊かさを実感でき、暮らしが楽しめる快適な環境づくりに挑戦します〕

地域社会が真に豊かであるためには、「安んじて老後を送れること」「子供がそこに育って幸福感を覚えること」を施策の基本理念に据えました。この理念に基づいて生活・農業・社会それぞれの基準を整備し、特に高齢者やハンディキャップのある皆さんが健康で社会参加ができるシステムを体系化して日々の暮らしを楽しめる快適な環境の形成に努めます。

小さな生命も、私たち地域社会の仲間です。「エンゼルプラン」(子づくり子育て支援事業)の促進や周末期医療の強化を市町村の立場にたち、その進展に努めます。また地域社会の源流ともいえる独善的で個性的な歴史や文化や伝統を大切にし、同時に画一的な現行教育制度を改めて、実業や技術に興味を持ち、自立できる複線型教育システムの普及及び生涯学習体制の充実に努めます。

環境と快適な暮らしの調和を図ります。例えば、植樹による国土保全や下水道・集落排水事業は漁業環境を守る大切な仕事です。このように、環境と暮らしと農業のバランスある発展に注目します。

2、道をつくる(高速交通体系と情報インフラの整備)

〔循環型交通体系を含む「道」〈交通と情報〉のネットワークづくりに挑戦します〕

県内60分、域内30分の「循環型交通体系」と「人・モノ・情報」を運ぶ、高規格道路や新幹線など交通体系及び光ファイバー網の通信・情報インフラを整備し、産業・経済や教育・文化や保険・医療等の交流による充実を図ることによって、地域活性化の実効に努めます。

「道」には、経済誘発効果があります。観光誘発・企業誘致・文化誘発効果が期待できます。そこに「新経済層」「新暮らし層」が形成されます。いわば、「ボーダーレス青森」。そこから、現行のさまざまな枠組みを超えた活力と創造が始動していくと考えます。

3、街をつくる（過疎を生かした地域づくり）

〔この人口・文化・農業を高価値化し、暮らしに程よい地域社会づくり（連携連帯）に挑戦します〕

「広域連合」・市や町や村が連携して地域づくりを発想し、共通・共同の課題にあたるシステムの確立を模索します。

第1次産業こそ21世紀の花形産業との基本認識で北の先端「ニュー農・林・漁業あおもり」構想づくりを進めます。

未来産業というべき第1次産業に、バイオ等先端技術を導入し、さらに科学的振興を図る施設や研究機関の誘致を働きかけ、安定した食糧基盤整備と食糧自給率の向上を図ります。

同時に、商工・観光業等の活性的展開を新経済圏をふまえて図ります。併せて、街づくりに即した地場商店街のリニューアル化や地場に根差した技術（ローカルテクノロジー）の開発・研究及び蓄積を奨励します。活発な地場産業活動が展開される中で、世界・東京と同時・同等の情報を得るチャンスをもち、適度の人口で独自の文化を大切に、自然のさまざまな恵みと共生できる社会環境づくりが「過疎」構想の大きな目標です。

出典：「選挙公約」平成8年10月20日執行衆議院小選挙区青森県第2区『選挙の記録』〔青森県選挙管理委員会〕。
https://www.pref.aomori.lg.jp/soshiki/senkan

②2000年の衆議院選

2000年6月25日に衆議院総選挙が行われ、三村申吾は無所属の会公認で再び立候補して勝利した。その時の選挙公約は以下の通りである。今回の選挙公約は前回のそれに比べると、内容がより具体的でわかりやすい。そのせいかは知らないが、三村は自民党の現職であった江渡聡徳に大差をつけて当選し、晴れて衆議院議員の席を手に入れた。

選挙公約のトップでは、〝地方がよくなれば、日本はよくなる〟と謳っており、三村は「小さな政府、大きな地方主権」を主張、それが大きな特色である。最後に三村は、「経済特区と海峡都市の未来を描きたい」、と締めくくっている。(2)

〝地方がよくなれば、日本はよくなる〟

―小さな政府、大きな地方主権

日本は長きにわたる中央集権的体制の下で構造的な不況、社会不安と政治不信に陥り、あらゆる分野が疲弊しています。

「これでいいのか。このままでいいのか」を自分は、35歳の町長時代から問い続けてきました。そして再生の可能性は、地域社会と地方にあると考えてきました。

地域・地方に自主性と責任と活性を取り戻すため、分権・分財・分人による「地方主権」の時代を、21世紀の地平線に拓くことによって必ずやこの国は地域・地方から、豊かさを実感でき、幸せを信じられる国として蘇ると確信します。

その第一歩が、この衆議院選挙から始まります。

日頃から語り続けて来た「税の公平な収納と国民にとって適正な配分」と併せて、「地方主権」を大いに主張します。

―私は挑戦します―

①〔環境〕

〔生きがいのある健やかな快適社会の形成〕

地球規模での環境問題に真摯に取り組みつつ、豊かさが実感でき、子供から高齢者まで安心な暮らしが営める快適社会づくりに挑戦します。包括ケアでの福祉充実、子育て支援、幼児教育強化、生涯学習体制整備と複線型教育システムづくり等々仕事がいっぱい。

②交流

〔高速交通体系と情報インフラの整備〕

循環型交通体系を含む「道」（交通と情報）のネットワークの充実で、人と産業の活力倍増とＩＴ産業育成に挑戦します。

交通の要所十和田湖の再構築や国道２７９号の高規格化と大間延伸、国道３３８号の漁港・港湾流通簡素化、光ファイバー網・地域間簡易網づくりなど。

③定住

〔過疎を生かし高度幸福地域の実現〕

この人口・文化・産業を高速化し、暮らしに程よい地域社会づくり（過疎検討）と市町村の広域連携に挑戦します。

滞在・研修型の福祉モデル都市構想を推進、新食糧自給計画で第1次産業を再配備し、地域商工業を活性化、天然資源を保全し、滞在型観光・貿易立地への道すじを整えます。

—私は提案します—

④景気回復

行政改革で財源を確保し、地方に競争力を与える基本的な社会・生活基盤（幹線道、上下水道・情報・教育・医療施設等）整備を強力に進めたい。この大きな地方への投資の相乗効果が、地方経済に浮揚力と活力をもたらす。

⑤介護保険

真の豊かさのひとつは、安んじて老後をおくれる事。町長経験を生かし、地域格差や保険あっての介護不足の状況打破のため、制度改革や人材育成、施設整備に全力で向かうと共に、市町村連携システム整備を提案します。

⑥むつ小川原

新エネルギー・新素材の研究開発機関を集中させ、かつ東アジアと北米大陸間に存在する津軽海峡の優位性と地方主権による運輸・通信・税制・金融の自主決定権をもとに、経済特区と海峡都市の未来を描きたい。

出典：「選挙公約」平成12年6月25日執行衆議院小選挙区青森県第2区『選挙の記録』（青森県選挙管理委員会）。
https://www.pref.aomori.lg.jp/soshiki/senkan

第3節、知事選挙の選挙公約

①2003年の知事選

三村申吾は衆議院議員の座を捨てて、2003年6月29日に行われた知事選挙に出馬した。その際、次のような選挙公約を発表している。トップの見出しは、〝ふるさと再生、リセット青森！〟で、三村は4つの約束を提案。それは、参加、共生、創造、および公平である。選挙公約の中で目につく新たな提案は、「県予算の10％を雇用刺激型に編成」である。また最後に、県独自の核燃検証チームの設立を検討、三沢・米軍の夜間訓練の中止、および青森空港への無通告着陸の自粛などを要請しており、それが大きな特色である。また今回、攻めに転じる農林水産業という用語が再び見られ、それは三村の十八番となる。前知事・木村県政への批判としては、「ハコ物偏重投資を是正」を掲げている。なお、保健・福祉・医療を一体化した「包括ケアシステム」の推進を謳っているのも目を引く[(3)]。

〝ふるさと再生、リセット青森！〟

三村申吾、４つの約束

参加　県民が参加して政策の実現をめざす、開かれた県政づくりと大胆な情報公開

共生　県民が安心と幸せを実現でき、飛躍と美しい環境が調和した環境づくり

創造　青森県の新たなローカル・テクノロジーと産業文化を創造する再生・発展の仕組みづくり。攻めの農林水産業。

公平　青森県政を再生するため先頭に立ち、公平・公正を実感できるふるさとづくり

1、安心きずこう運動

・県経営改革を断行、財政再建

・ハコ物偏重投資を是正、透明性を確保した効率的な予算運用を実行

・暮らしの安心。働く安心を築く雇用・景気回復に全力

・保健・福祉・医療を一体化した包括ケアシステムを推進、短命県を返上

・乳幼児医療費を軽減、女性たちのための子育て支援

・自然・環境保全は、ＮＰＯなどの民間パワーとの協働で

2、夢・活力おこそう運動

・県予算の10％を雇用刺激型に編成

・雇用と環境を両立させた青森型環境産業を確立

・食の安全時代に対応、食育と攻めに転じる農林水産業を
・インターンシップ制度で働きながらの新技術習得を支援
・日本のエネルギー政策に貢献する産業育成、新エネルギー源の開発研究
・水質源保全、森林資源涵養と水産資源保全対策

3、個性をつくろう運動

・未来デザイン県民会議の発足、県民との協働で未来像を策定
・健康（環境と食）・収入（IT活用で地理的制約解消）・教育（希望に応じた進路）が確保できる三位一体の青森型ライフスタイルを実現
・「子どもすくすくスクラム・プラン」でチーム・ティーチング。30人学級の早期実現
・北東アジアの発展を視野に入れて、青森県を経済交通の結節点に向けて機能強化

4、安全しっかり運動

・雪の克服から利活用へ、ダム・夏のビル冷房・農水産分野で冷却システムなどの応用研究などを推進
・原子力施設の安全厳守。対策強化を国・事業者に要求
・県独自の核燃検証チームの設立を検討
・三沢・米軍の夜間訓練の中止、青森空港への無通告着陸の自粛などを要請

出典：「選挙公約」平成15年6月29日執行　青森県知事選挙『選挙の記録』〔青森県選挙管理委員会〕。
https://www.pref.aomori.lg.jp/soshiki/senkan

②2007年の知事選

三村は、2007年6月3日に行われた2度目の知事選挙を前に、次のような選挙公約を発表した。選挙公約の冒頭の見出しは、〝持続可能な青森型社会をめざして〟であり、「持続可能な青森型社会」を創り上げていくために、自立、創造、協動の「3つの姿勢」を大事にします、と謳っている。実施する項目の中で、②として「産業・雇用づくり」において、海外への農林水産物の輸出を4年間で倍増させるなど、攻めの農林水産業を一層推進します、と述べたのが注目される。また、「行財政改革を着実に進め、元金ベースでの基礎的財政収支（プライマリーバランス）の黒字化を図ります」、と選挙公約で謳ったのも斬新的である。[(4)]

〝持続可能な青森型社会をめざして〟

私、三村申吾は、「持続可能な青森型社会」を創り上げていくために、自立、創造、協動の「3つの姿勢」を大事にします。

1、「教育、ひとづくり」

人は石垣、人は城、そして人は財(たから)

・学校、家庭、地域など各ステージにおける教育力の向上を図ります。
・農林水産業を支える後継者育成システムを確立します。
・創業・起業を支える人財を育成、応援し、近未来の「社長づくり」を進めます。

2、「産業・雇用づくり」

青森の元気は経済の元気から、そして雇用づくりから

・海外への農林水産物の輸出を4年間で倍増させるなど、攻めの農林水産業を一層推進します。

・きめ細かなセーフティーネットを整備し、県内中小企業を強力にバックアップします。

・東北新幹線全線開業を、ヒト・モノ・カネの流動に結びつけ県経済の飛躍を実現します。

・豊かな地域資源を徹底活用し、食関連産業や健康関連産業など価値と雇用を生み出すものづくりを追及します。

3、「安全・安心、健康づくり」

豊かさとは何か、このふるさとに安じて生きられること

・医育環境の整備などにより医師確保対策を強力に進めます。

・ガン対策の先進県を目指します。

・母子保健や子育て支援など、親と子の安心づくりを徹底します。

4、「環境づくり」

21世紀は環境の時代

・21世紀の山づくり、水づくり、土地づくりに向け「環境公共」を推進します。

・風力・太陽光・バイオマス・潮流・水素など再生可能エネルギーの最先進地を目指します。

・世界自然遺産白神山地の保全と縄文遺跡群の世界文化遺産登録を目指します。

5、「行政基盤づくり」

行政基盤の安定なくして県政なし

・行財政改革を着実に進め、元金ベースでの基礎的財政収支（プライマリーバランス）の黒字化を図ります。

・事業の選択と集中を徹底し、限られた予算を効率的に執行します。

・情報公開、情報提供、結果の公表・公開を進めます。

出典：「選挙公約」平成19年6月3日執行　青森県知事選挙『選挙の記録』〔青森県選挙管理委員会〕。
https://www.pref.aomori.lg.jp/soshiki/senkan

③2011年の知事選

三村は、2011年6月5日に行われた知事選挙を前に、次のような選挙公約を発表した。トップの見出しは、〝元気再生！　フルパワーあおもり〟で、特に目につくのは、項目④の安全・安心、健やかあおもりの中において、「専門家による県独自の原子力安全対策検証委員会を立ち上げます」、と謳っている部分である。従来、盛り込まれていなかった新たな政策提言である。また今回の選挙公約では、東日本大震災への言及が多く見られ、青森県も少なからず影響を受け、大変な状況にあったことが理解できる。選挙公約の最後の部分において、三村は次の3つの姿勢を大切に皆様と歩みますと述べて、「元気・生活重視の姿勢！　挑戦する姿勢！　戦略的姿勢！」を掲げている。以後、元気という用語が多用される。[5]知事選三回をむかえて、公約にも工夫が見られた。

〝元気再生！　フルパワーあおもり〟

東日本大震災によって、青森県の経済・社会システムは未曾有の危機を迎えています。危機の時こそ、政治家に求められるのは、ブレることない果断な政策実行です。

1、震災復興・防災あおもり

「私の最大の責務は、県民の生命と財産を守り抜くこと」にあります。この思いに立ち、生活再生・産業復興に、そして危機管理体制強化や防潮堤、避難道路など思い切ったハード整備と共に防災のソフト対策にも取り組みます。

2、教育、人づくりあおもり

「人財きらめくあおもり、未来輝くあおもり」をめざし、きめ細やかな教育の推進や、人づくり戦略の先進地・あおもりをめざします。

3、産業・仕事あおもり

「産業・雇用の元気があおもりの源」との認識のもと、攻めの食産業戦略やさらなる企業誘致。創業・起業。地場企業の元気化、新エネルギー開発そして、観光の活力創出にも全力であたります。

4、安全・安心、健やかあおもり

「安心して生きられる真に豊かなふるさとあおもり」をめざし、さらに医師を増やし、がんと闘う仕組みづくりや健康寿命のアップをはかります。また子どもたちがすくすく育つ態勢づくりもしっかりと進めます。さらに専門家による県独自の原子力安全対策検証委員会を立ち上げます。

5、行財政基盤安定あおもり

財政規律を守り、6つの県民局と市町村の協議で地域活性化を全力で進めます。

今、政治に求められるのは決意と覚悟。三村申吾は、震災からの復興そして青森の元気再生にこれまで以上に全力で取り組みます。

出典：「選挙公約」平成23年6月5日執行　青森県知事選挙『選挙の記録』（青森県選挙管理委員会）。https://www.pref.aomori.lg.jp/soshiki/senkan

④2015年の知事選

三村知事は、2015年6月7日に行われる知事選挙を前にして、次のような選挙公約を発表した。冒頭の見出しは、〝未来創造　ダッシュあおもり〟で、「過去に例をみない少子化・高齢化と人口減少問題が大きな課題として立ち現れています。こうした状況は、我が青森県の未来にも大きなインパクトを与えずにはおきません」、と指摘するなど、人口減少と高齢化が本県にとって由々しき課題となってのしかかり、三村知事も危機感を強めていることが理解できる。[6] 内容は具体的でわかりやすい。

〝未来創造　ダッシュあおもり〟

今我が国は激動の時代を迎えています。何よりも、過去に例をみない少子化・高齢化と人口減少問題が大きな課題として立ち現れています。こうした状況は、我が青森県の未来にも大きなインパクトを与えずにはおきません。手堅く、そして同時に大胆な政策運営が今まで以上に求められています。何としても青森県の輝きを失わせない！　何としても青森県をより一層元気にしたい！　何よりも次代を担う子どもたちのために。

1、安全・安心、健やかあおもり

〔人口減少社会克服、命と暮らしを守る青森県〕

・健康長寿県への県民一丸あおもり
・良医がどんどん育つあおもり
・がんに負けないあおもり
・結婚・出産・子育てに最適の地あおもり

2、産業、仕事、人材あおもり

〔仕事づくり、産業づくりで人が集い活躍する青森県！〕

・食でとことん外貨獲得、買ってよしのあおもり
・観光力全開！　住んでよし、訪れてよしのあおもり
・ライフ分野の成長産業化など産学官金でイノベーションあおもり
・農業・農村の礎、米を守るあおもり

3、教育、人づくりあおもり

〔夢や希望を持って人が育つ青森県〕

・夢を持って学び、地域で夢を実現する人財の育成

・女性がひときわ輝くあおもり

4、復興・防災あおもり

〔復興を支え、県民を守りぬく青森県!〕

・県民を守り抜く危機管理体制

・防災公共と地域の防災力を備えたあおもり

5、しなやかで揺るぎない行財政運営

〔行財政の両輪しっかり、地域とともに力強く前進する青森県〕

・あおもりの元気をつくるための行財政改革

・国、企業、他地域などとの多様な連携であおもり力発揮

私、三村申吾はこれまでの12年間の政策の成果、そしてその間に得た知見、人的ネットワークなどを礎として、全身全霊を傾けてこの困難に立ち向かってまいります。

三村申吾の姿勢

三村申吾は次の3つの姿勢を大切に皆様と歩みます

元気・生活重視の姿勢!　挑戦する姿勢!　戦略的姿勢!

出典:「選挙公約」平成27年6月7日執行　青森県知事選挙『選挙の記録』〔青森県選挙管理委員会〕。

https://www.pref.aomori.lg.jp/soshiki/senkan

⑤２０１９年の知事選

三村知事は、２０１９年6月2日に行われる知事選挙を前にして、次のような選挙公約を発表した。冒頭の見出しは、〃確かな未来へ　ステージアップあおもり〃で、重要項目のトップにおいて、①この国の〃ゆりかご〃あおもり、と謳い、特に「誰もが健やかで安全、安心に暮らしていける青森・県民みんなで健康長寿の青森をめざします」、というくだりが従来になく新鮮な選挙公約として印象に残った。また〃世界へ打って出るあおもり〃も目新しい。[7]

〃確かな未来へ　ステージアップあおもり〃

青森県には、平和と自然との共生を原点として、縄文の古（いにしえ）より脈々と受け継がれている、この地を愛し、この地と共に生きる、生まじめで英明な人財（たから）があります。

私はこの素晴らしい青森の皆様と力を合わせ、確かな未来を築くため挑戦し続けたいと思います。

1、この国の〃ゆりかご〃あおもり

〔誰もが健やかで安全、安心に暮らしていける青森県〕

・県民みんなで健康長寿のあおもりをめざします
・がんになっても適切な治療を安心して受けられる仕組みづくり
・医療関係人財の確保と質の高い地域医療で命を守ります
・子どもたちが将来に希望を持ち、健やかに成長できるふるさと

・「防災公共」の理念を徹底し、災害や危機に強いあおもり
・「安全なくして原子力なし」の姿勢を貫きます

2、住んでよしのあおもり

〔多様な働き方・生き方が実現できる青森県〕

・ライフ（医療・福祉・健康）分野の産業振興で〝しごと〟を創造
・強みを生かした戦略的な企業誘致で〝しごと〟をさらに創ります
・創業・起業、多様な〝しごと〟にチャレンジし、充実した生活を送れるあおもりを実現

3、世界へ打って出るあおもり

〔食と観光の連携で一層の成長をめざす青森県〕

・〝攻めの農林水産業〟をさらに強力に推進します
・グローバル化に対応した安全・安心な県産品を生み出します
・〝あおもりツーリズム〟で国内外から選ばれるあおもりへ
・国際航空路線やクルーズ寄港の拡大をめざします

4．人財（たから）きらめくあおもり

〔ふるさとを愛し、元気にする人財を育む青森県〕

・少人数学級編成の充実に向けて、臨時講師を段階的に正規教員に切り替えます
・障害のある児童生徒、困難を有する子どもや若者などを応援します
・あらゆる分野で、女性や高齢者が活躍できるあおもり

5、行財政改革を続けるあおもり

〔時代の変化や新たな課題にしっかりと対応する青森県〕

・財政規律を守り、収支均衡型の財政運営を継続します

・国際社会全体が取り組んでいるＳＤＧｓ（持続可能な開発目標）の理念を踏まえて施策を展開します

・ふるさとの「令和創造」のため、これからも全力で頑張ることを約束します

・三村申吾の思い―経済元気、暮らし向上。人口減少に、ひるまず挑戦。初心忘れず、県政に邁進

出典：「選挙公約」令和元年６月２日執行　青森県知事選挙『選挙の記録』〔青森県選挙管理委員会〕
https://www.pref.aomori.lg.jp/soshiki/senkan

第4節、おわりに

周知のように、三村申吾は1996年10月20日に行われた衆議院総選挙に青森第2区から、新進党公認、公明党・友愛会議推薦で出馬した。だが、選挙公約の中身は極めて総花的で、分かりにくい。三村は「3つのチャレンジ」として、①暮らしをつくる（すこやかな快適社会の形成）、②道をつくる（高速交通体系と情報インフラの整備）、③街をつくる（過疎を生かした地域づくり）と3つの柱を立ててはいるものの、それを読んで理解するのに苦労する。[8]

しかし、次の2000年6月25日に実施された衆議院総選挙に出馬した時の選挙公約はまとまっており、政治家として意気込みを感じさせる公約に変化し、中身も豊かで出来栄えがよい。その中で、〝地方がよくなれば、日本はよくなる〟と見出しを付し、「小さな政府、大きな地方主権」を、高々と謳っている。[9]

これに対して、知事選に出馬した際の選挙公約の特色は、何よりも項目や目標を明示し、しかもそれを数値で示し、中身を整理して極めて具体的に紹介している点である。選挙管理委員会に提出した選挙公約には数値目標が掲載されていないが、選挙公約の発表時に示している。確かに、公約の内容自体は依然として総花的な内容であるとはいえ、衆議院総選挙に出馬した時の公約と比べれば、有権者にとって分かりやすい内容となっており、ある意味で便利で、工夫を重ねていることが理解できる。文面のスタイルも読みやすい。

ちなみに、2003年6月、三村は初めて知事選挙に挑戦。その時の「選挙公約」の見出しは、次のような文面で埋まっていた。

〝ふるさと再生、リセット青森！〟

三村申吾、4つの約束

参加　県民が参加して政策の実現をめざす、開かれた県政づくりと大胆な情報公開

共生　県民が安心と幸せを実現でき、飛躍と美しい環境が調和した環境づくり

創造　青森県の新たなローカル・テクノロジーと産業文化を創造する再生・発展の仕組みづくり。攻めの農林水産業。

公平　青森県政を再生するため先頭に立ち、公平・公正を実感できるふるさとづくり。(10)

高邁な選挙公約であり、その文面から三村の知事選への覚悟が伝わってくる。ただ、留意すべきは、2003年の1回目の知事選挙の時の選挙公約には、三沢・米軍の夜間訓練の中止、青森空港への無通告着陸の自粛などを要請しており、米軍への言及があった。だが、その後の選挙公約には米軍に関する要請

は全く見られず、文面から「米軍」それ自体の文字が姿を消しているのは残念である。[11]

ただ、知事選2回目の選挙公約には、「行財政改革を着実に進め、元金ベースでの基礎的財政収支（プライマリーバランス）の黒字化を図ります」とあり、青森県の債務問題に着手するための強い決意を示していることが伺われる。[12]

また知事選3回目の選挙公約には、「専門家による県独自の原子力安全対策検証委員会の設置」を提案するなど、使用済み核廃棄物処理問題への国による方針への懸念が目につく。[13]

さらに、知事4回目の選挙公約のトップには、「人口減少社会克服、命と暮らしを守る青森県」の文言を配置するなど、人口減少問題が本県にとって、極めて切実な課題として浮上してきた事が理解できる。また今回の選挙公約のもう一つの特徴は、いわゆる「東日本大震災」の影響を踏まえて、新たに4番目に「復興・防災あおもり」の項目を加えた点である。[14]

最後に、２０１９年6月2日に実施された、都合5回目となる知事選挙の時における選挙公約の見出しは、〝確かな未来へ　ステージアップあおもり〟であった。[15]

『デーリー東北』は、三村が発表した今回の選挙公約について、次のように概要を伝えている。

「県民の命と安全、安心を守るための政策や、人口減少対策にもつながる経済・雇用対策など5分野36項目を掲げ、▽がん死亡率10％削減、▽創業・起業件数の年鑑１００件以上継続─といった数値目標も盛り込んだ[16]」。

一方、『朝日新聞』の青森版には、次のような三村知事の談話が紹介されていて興味深い。

最初に、青森市内で会見した三村氏は「経済が回って地域社会やいろんな分野で食っていける、ふるさとでちゃんと生きられる仕組みを作る」と語り、産業雇用に関わる政策を重視する姿勢を示した。食と観光の連携で成長をめざす「世界へ打って出るあおもり」、地域社会のリーダーや子どもたちの育成を充実させる「人財(たから)きらめくあおもり」など5つの分野に36項目の政策を掲げ、うち18項目では数値目標や達成基準を明記した。

その上で、年間予算と同規模の県債務残高がある県財政については、「財政規律を守り、収支均衡型の財政運営を体をはってやっていく」と紹介。さらに、県内の原子力施設については「安全を確保した上で、エネルギーのベストミックスという観点から現状では必要」との認識を示し、「事業者に安全対策のあり方を丁寧に情報公開、報告させる姿勢を貫く」、という言葉で結んでいる。三村は、知事5期目に挑戦するにあたり、県民に万全の構えを見せたということであろう。[17]

ちなみに5期目に挑戦した時の選挙公約の最後に、三村知事は次のような決意を披露している。

「三村申吾の思い―経済元気、暮らし向上。人口減少に、ひるまず挑戦。初心忘れず、県政に邁進[18]」。

2003年6月、初めて知事に就任した時の初心と覚悟を忘れることなく県政に尽力していただきたい。

以上で2回にわたる衆議院総選挙時、また5回にわたる知事選挙に際し、有権者に対し公にした「選挙公約」の内容を紹介してきた。特に、知事選の時の選挙公約は、その後の知事就任挨拶、毎年2月の定例会での議案説明、および記者会見の内容が敷衍された形で「政策提言[19]」として展開されているので、労をいとわず原文のまま紹介した。

次章で詳述するように、三村は知事に就任以来、めまぐるしく実に多くの政策提言を行っている、例えば、２００３年6月に初めて知事に当選した直後の11月、財政健全化のための道筋を示す「財政改革プラン」を、また翌年に、知事就任以来掲げてきた「自主自立の青森県づくり」を具体化すべく、県の新たな基本計画となる「生活創造推進プラン」を策定した。そして、２０１８年には、「青森県基本計画　未来を変える挑戦」の公表である。それらは大筋において知事選での「選挙公約」に源を有し、２月の予算審議の定例会での提案説明、および記者会見などにおいて明らかにしている。

それでは、以上の「選挙公約」を踏まえた上で、多様な課題を抱える青森県で、如何なるタイプの知事、言いかえれば、指導者＝リーダーが求められるのであろうか？　ある識者は、「中央依存からの脱却」を目指すべきで、県民の英知を引き出しながら行政運営するリーダーが一層求められるとして、全国的に地方は中央行政依存型によって、様々な問題が生じている点に反省を促す[20]。

例えば、鳥取県知事を経験した早稲田大学教授の片山善博は、次のように語っており、耳を傾けるに値する貴重な意見である。

「地方のリーダーには、住民の考える力を引き出す度量、知恵を持つ人がふさわしい。知事一人で頑張っても限度がある。それよりも県内のいろいろな人たちが力を発揮できる環境をつくることが知事の大切な仕事だ。……みんなの意見や活力を引き出し、それを誠実に政策にまとめあげ、実行する。リーダーにはその能力を持った人がふさわしい」と述べた上で、「中央とのパイプ。中央との連携ばかり言っている人は駄目。中央頼みだから地方は翻弄されてきた。パイプはあってもいいが、大切なのは自分たち本位に考えられる力を持っているかどうか。その上でパイプをしたたかに、有効に使えばいい[21]」。

それでは三村申吾は、知事としてしたたかなリーダーシップを発揮して、どのような政策提言を行っていったのであろうか。次章では、この点を検討する。

《注》

(1)「選挙公約」平成8年10月20日執行衆議院小選挙区青森県第2区『選挙の記録』〔青森県選挙管理委員会〕。https://www.pref.aomori.lg.jp/soshiki/senkan

(2)「選挙公約」平成12年6月25日執行衆議院小選挙区青森県第2区『選挙の記録』〔青森県選挙管理委員会〕。https://www.pref.aomori.lg.jp/soshiki/senkan

(3)「選挙公約」平成15年6月29日執行青森県知事選挙『選挙の記録』〔青森県選挙管理委員会〕。https://www.pref.aomori.lg.jp/soshiki/senkan

(4)「選挙公約」平成19年6月3日執行青森県知事選挙『選挙の記録』〔青森県選挙管理委員会〕。https://www.pref.aomori.lg.jp/soshiki/senkan

(5)「選挙公約」平成23年6月5日執行青森県知事選挙『選挙の記録』〔青森県選挙管理委員会〕。https://www.pref.aomori.lg.jp/soshiki/senkan

(6)「選挙公約」平成27年6月7日執行青森県知事選挙『選挙の記録』〔青森県選挙管理委員会〕。https://www.pref.aomori.lg.jp/soshiki/senkan

(7)「選挙公約」令和元年6月2日執行青森県知事選挙『選挙の記録』〔青森県選挙管理委員会〕。https://www.pref.aomori.lg.jp/soshiki/senkan

(8)「選挙公約」平成8年10月20日執行衆議院小選挙区青森県第2区『選挙の記録』〔青森県選挙管理委員会〕。

(9) https://www.pref.aomori.lg.jp/soshiki/senkan
「選挙公約」平成12年6月25日執行衆議院小選挙区青森県第2区『選挙の記録』〔青森県選挙管理委員会〕。
https://www.pref.aomori.lg.jp/soshiki/senkan

(10) 「選挙公約」平成15年6月29日執行青森県知事選挙『選挙の記録』〔青森県選挙管理委員会〕。
https://www.pref.aomori.lg.jp/soshiki/senkan

(11) 同上。https://www.pref.aomori.lg.jp/soshiki/senkan

(12) 「選挙公約」平成19年6月3日執行青森県知事選挙『選挙の記録』〔青森県選挙管理委員会〕。
https://www.pref.aomori.lg.jp/soshiki/senkan

(13) 「選挙公約」平成23年6月5日執行青森県知事選挙『選挙の記録』〔青森県選挙管理委員会〕。
https://www.pref.aomori.lg.jp/soshiki/senkan

(14) 「選挙公約」平成27年6月7日執行青森県知事選挙『選挙の記録』〔青森県選挙管理委員会〕。
https://www.pref.aomori.lg.jp/soshiki/senkan

(15) 「選挙公約」令和元年6月2日執行青森県知事選挙『選挙の記録』〔青森県選挙管理委員会〕。
https://www.pref.aomori.lg.jp/soshiki/senkan

(16) 「がん死亡率削減　創業支援　三村氏　公約36項目発表」『デーリー東北』2019年5月8日。

(17) 「産業や雇用　36項目　知事選　現職の三村氏、政策発表」『朝日新聞　青森版』2019年5月8日。

(18) 「選挙公約」令和元年6月2日執行青森県知事選挙『選挙の記録』〔青森県選挙管理委員会〕。
https://www.pref.aomori.lg.jp/soshiki/senkan

(19) 「政策」とは、政府や都道府県などの地方自治体、政党などが、さまざまな社会的な課題に対してとる「方針や方策」であり、また、「提言」とは、自分の考え、意見を皆の前に示すことだ。「ある課題に対して、政府や地方自治体などが取るべき方針、方策は、こうあるべきだ」と、自分の考えを公表したり、直接伝えたりすることが〝政策提言〟であるといってよい。４期目に入り（２０１５年～２０１８年）、2月の定例議会での三村知事の予算案の議案提案の説明を拝見すると、内容が殆んど同じで、「マンネリ化」しているのが目立つ。

(20) 「県知事選　識者に聞く（中）神田健策・弘大教授」『陸奥新報』２００７年5月30日。

(21) 「提議あおもり　〝19知事選―下―早稲田大学公共経営大学院教授　片山善博氏」『東奥日報』２０１９年5月24

日。西東克介・弘前学院准教授（当時）も「自立へ長期戦略を」として、厳しい財政下で指導力が必要であると次のように語る。「本県に求められる理想の知事像は、厳しい財政状態に置かれている本県においては、したたかなリーダーシップが必要だ。国に求めるべきは求め、自治体や県民、産業、その他の組織が、行政依存から自立できるしたたかさを持つべき」（「県知事選　識者に聞く（下）西東克介・弘前学院准教授（行政学）」『陸奥新報』２００７年5月31日）。三村知事は十分にしたたかである。

第七章、三村申吾知事と「政策提言」

青森県議会本会議場

出典：www.aomori-pref.stream.jfit.co.jp

第1節、はじめに

三村申吾は2003年6月29日、戦後6代目の青森県の「民選」知事に当選した。それから16年後の2019年6月2日には、知事選で5選という偉業を成しとげて県政に君臨し、県の最高責任者として行政を担っている。それではこの16年の間、三村は選挙公約を踏まえて、いかなる政策提言を行ってきたのであろうか。それが本章の基本的課題である。

一般に「政策」とは、政府、都道府県などの地方自治体や政党などのトップが、さまざまな社会的な課題に対してとる「方針や方策」であり、また、「提言」とは、自分の考えや意見を有権者の前に提示することである。つまり〝政策提言〟とは「ある課題に対して、政府や地方自治体のトップなどが取るべき方針・方策は、こうあるべきだ」と公表したり、直接伝えたりすることである。

本章では、三村県政の16年間、すなわち、2003年から2019年に至るまで明らかにされた主要な政策提言を、年頭の記者会見、2月定例会での予算議案に対する説明理由、および年末の記者会見などから拾い上げ、その上で新聞論調も参考にしながら、16年間の県政の足跡を辿る。

まず知事の年頭の記者会見では、当該年度の政策目標を示しており、2月の予算の議案に対する説明理由の際には、その年に実施すべき政策提言を行い、そして年末の記者会見において、その年に達成された事項と反省が語られている。そこで、これをインプット（入力）↓アウトプット（出力）↓フィードバック↓インプットという一連の「システム」として把握し、そのプロセスを検討する。ただし、入力から出力へのプロセスと作業＝行政は〝ブラックボックス〟の状態であって、残念ながらわれわれには不透明である。

なお2003年から2015年に至る青森県の政治状況については、さしあたり藤本一美『戦後青森県政治史　1945年〜2015年』〔志學社、2016年〕を参照されたい。

第2節、知事1期目

・2003年

2003年6月29日に実施された県知事選において、三村申吾は、民主党の横山北斗を僅差で破り、初めて知事の座を射止めた。それから約1ヵ月後の7月16日の県議会定例会で、いわゆる〝所信表明〟演説を行った。ただ、その内容は、知事選の時における「選挙公約」の内容がそのままスライドされた形で示されており、特に目新しいというわけではない。前知事の木村守男県政との姿勢や施策について明確な相違は打ち出されていなかった[1]。

三村は所信表明演説の冒頭で、「私は、かねてより、〝地域・地方が良くならなければ日本は良くならない〟と主張してまいりましたが、今、県に求められているのは〝ふるさとの再生と新生〟であります」との基本的認識を披露、その上で、4つの約束を提案している。それは、参加、共生、創造、および公平である。ここで目につくのは、三村の十八番(おはこ)となる「攻めに転じる農林水産業」という用語が初めて見られたことだ。

まず県政の最大課題である財政改革について、三村知事は次のような認識を示した。

「本県財政は多額の県債残高を抱え、県債償還に伴う公債費が増加を続けており、何らかの対策を講じなければ、数年のうちにも、いわゆる財政再建団体に転落するような状況にありますが、現在の経済情勢からすれば、今後も大幅な税収増は望むべくもなく、徹底した歳出抑制が必要であります。

この歳出抑制に当たりましては、大規模施設の整備を含む公共投資を重視してきた姿勢の是正と、事業の優先順位再検討等による予算配分の抜本的な見直しを行うとともに、義務的経費にも踏み込んだ聖域なき事務事業の総点検を実施し、大胆な見直しを行います」(2)。

一方、「攻めの農林水産業」については、「特に、生産者自らが、安心でおいしい青森の農林水産物のブランド化を目指すという姿勢をより強固にしていただく中で、私自らもトップセールスを展開し、販路拡大に尽力します。さらに、生産から流通までを結びつけ、収益性のアップを図る〝攻めの農林水産業〟への転換にも取り組んでまいります」、と述べた。

三村知事はこれらの政策提言について、自身が提唱した「わくわくビジョン21」に沿ってその概略を説明している(3)。

「この〝わくわくビジョン21〟は4つの柱で構成されており、まず、第1の柱「安心きずこう運動」についてであります。次に、第2の柱「夢・活力おこそう運動」についてであります。

次に、第3の柱「個性つくろう運動」についてであります。次に、第4の柱「安全しっかり運動」についてであります。そこでは、原子力施設の安全対策の徹底、三沢米軍基地問題への対応などに取り組んでまいります」。[4]

知事に就任した2003年度には、その後行われようになる「年末記者会見」は開催されていない。2003年6月に就任したばかりなので、この年は、残すところ半年しかなく、あわただしい中で過ぎていった。

三村知事は、将来にわたって様々な環境変化に機動的・弾力的に対応できる効率的かつ持続可能な財政構造を再構築するため、2003年11月5日、財政健全化のための道筋を示す「財政改革プラン」を策定、また、知事就任以来掲げてきた「自主自立の青森県づくり」を具体化すべく、県の新たな基本計画となる「新県基本計画」の策定に着手した。三村は定例記者会見の席で新県基本計画について、「自主自立の県づくりのため、新たな県民共通の目標とする」、と述べたのである。[5]

・2004年

三村知事は就任2年目を迎えるにあたり、2004年1月5日、年頭の県幹部へのあいさつの中で、「総合販売戦略室」を設置すると発表した。この点について、『東奥日報』は次のように報じており、知事自らがトップセールスする気構えが感じられる。

「2004年度に〝総合販売戦略室〟を農林水産部内に設置する方針を明らかにした。現在、同部や文化観光部が担当している農林水産物、県産品などの販売対策業務を一元化し、知事が公約に掲げてきた〝攻めの農林水産業〟を実現する拠点と位置付ける。室の規模は30〜40人程度を見込んでおり、三村知事はあいさつで職員らに全局的な応援を呼びかけた[(6)]」。

次いで、2004年2月24日に招集された県議会の定例会において、三村知事は一般会計予算案などの提案理由説明の中で、県政運営の課題を述べた。『陸奥新報』は、この点に関して次のように報じた。

「(三村)知事は提案理由で〝自主自立の青森県づくり〟を目指すため、財政改革と雇用・経済対策に取り組む必要性をあらためて訴えた。

想定を超えた財源不足は歳出見直しと県債(地域再生事業債)発行などでやり繰りしたほか、地域経済に配慮して設けた2つの重点枠経費も所要の規模を確保したことを報告。また、三位一体改革の進展に、再出削減と歳入確保の徹底、加速で対応し、04年度に新設する特別対策局行政経営推進室で〝安定した県行財政運営体制〟を再構築する新たな改革に取り組む[(7)]」。

知事が政策の重点分野として掲げたのは、創造性と活力あふれる「産業・雇用」、ともに支え合う健やか・安心の「福祉」、次世代の誇れる産業としての「環境」の3分野である。さらに、その土台となる〝自主・自立を支える基盤づくり〟、人財育成を図る〝未来への人づくり〟。交通基盤整備や原子力安全対策を包括した〝安全・安心な社会づくり〟を挙げ、それぞれの主要事業の内容を説明した。この中で、知事は「雇用・地域経済へ最大限に配慮しながら、改革実行への第一歩を踏み出した」、と強調した。[8]

２００４年８月31日には、県は行政改革改定素案を公表している。その中で、２００４年度から08年度までの５年間で、一般行政部門の職員の15％にあたる８００人を削減して４５００人体制にするため出先機関など組織機構の統廃合を進めるほか、施設の廃止や民間への運営委託を図るとした。それは、12月24日に正式に決定された。[9]

三村知事は11月18日、記者会見を行い、六ヶ所再処理工場のウラン試験問題で、同試験の前提となる安全協定事業者の「日本原燃」と安全協定を締結する意向を表明。11月22日、関係者による調印式が青森市のホテル青森で行われた。[10]

12月28日、知事は就任後初めて年末の記者会見を行った。記者団から、「三村県政が誕生して、２００４年は初めて１年間を通して三村知事が県政を担ったわけですが、１年を通した感想とか所感がありましたらお願いします」と問われ、次のように述べた。

「県庁一丸となって、財政改革プラン、そしてまた行政改革大綱ですが、まとめあげ、青森県の再生の基盤づくりに向かって進んだということを思っております」との認識を披露。また、「生活創造推進プラン」を策定し、生活創造社会の実現を示した。[11]

・２００５年

三村知事は２００５年１月４日、知事就任３年目を迎えた年頭の記者会見の席で、次のように所感を披露し、生活創造推進プラン、財政改革プランの実行を謳っている。

「さて、今年2005年は、昨年末に取りまとめました新しい県の基本計画でございます「生活創造推進プラン」と「行政改革大綱」に基づき、実質的な取組を進めていきます、非常に重要な年となると感じております。厳しい社会経済環境の中にございますが、本県の新たな将来像であります「生活創造社会」の実現を目指し、県民の皆様と一緒になって「生活創造推進プラン」を着実に実行していきたいと思っております。また、それを支えます行財政基盤の確立に向けまして、「財政改革プラン」の取組を徹底・加速させますとともに、「行政改革大綱」に基づく取組の着実な実行によって、行財政の大改革ということをしっかりと進めていきたいと思っております[12]」。

今回の三村知事の年頭記者会見で注目すべきは、「生活創造推進プラン」の着実な推進を図るため、「産業・雇用」、「健康」、「環境」、「安全・安心」「人財」の5つの戦略分野において選定した10本の重点推進プロジェクトの推進。また、「県民の健康づくりへの参加機会の拡充や住民本位の「保健・医療・福祉包括ケア」の提供に向けたシステムの構築、さらに、地域医療の担い手である医師の確保等に引き続き取組んでいきたい、と述べた箇所であろう[13]。知事選の際に示した「選挙公約」をいよいよ、実行に移す気構えが感じられる。

次いで、三村知事は2月23日に招集された県議会定例会での予算案提案説明理由の中で、2005年度の県財政改革などの見通しを述べた。いわゆる〝所信表明〟の中で「生活創造推進プラン（県基本計画）

を基に、暮らしやすさのトップランナーとして青森県の未来を確かなものにしたい」として、その特色を次のように説明している。

「生活創造社会」とは、暮らしやすさではどこにも負けない地域づくりを目指すことであり、豊かな自然環境の中で、自然のリズムやゆっくりと流れる時間が大切にされ、青森で生きることの価値や素晴らしさを実感できる社会です。そして、物事や人生にチャレンジする意欲が湧いてくる社会です。

このような社会を実現するため、暮らしやすさを支える基盤である「産業・雇用」、「健康」、「安全・安心」や青森らしさをつくる財産である「人財」、「環境」の5つの戦略分野において、県が重点的に推進する10本のプロジェクト「わくわく10」を積極的に進めていくことといたしております。(14)

三村知事は11月18日、記者会見を行い、日本原燃が六ヶ所村に計画しているMOX（ウラン・プルトニウム混合酸化物）燃料工場の立地問題で工場立地への同意を表明、同月19日、関係者たちは青森市のホテル青森で立地協力基本協定の調印式を行った。会見では「日本原燃の社長は非常に強い意思を持って品質保証体制の向上に向けて取り組んでいる」と、同社の対応を高く評価した。(15)

県が直面する多難な課題を処理した知事は12月28日、年末の記者会見の席で２００５年の1年間を振り返り、冒頭では年頭の豪雪対策に万全を期したと、次のように述べた。

「さて、私ども青森県のこの1年を振り返ってみますと、今年は、1月から3月にかけて、津軽地方を中心に記録的な大雪に見舞われたところであり、19年ぶりに豪雪対策本部を設置するなど、雪害対策に取り組んだスタートでありました。

この豪雪により、農作物への影響が心配されましたが、被災りんご園地の早期再生を図るための対策を早急に講じたほか、その後の天候にも恵まれたこと等から、米やりんごをはじめ今年の本県の農作物は、例年以上の素晴らしい出来となったしだいでありました(16)」。

・2006年

三村知事は2006年1月4日、年頭の記者会見の席で、日本原燃が六ヶ所再処理工場で使用済み核燃料の試運転（アクティブ）を計画していることについて、原子力安全・保安院を来週訪問し、安全確保に向けた指導徹底などを要請する考えを示した(17)。

これを受けて、3月28日、日本原燃・六ヶ所再処理工場の最終的試運転について、試運転開始同意に関する意見を表明し、日本原燃に安全協定締結を申し入れ、29日、県と六ヶ所村は、試験開始の前提となる安全協定を日本原燃と締結した(18)。

話は前後するが、2月23日の県議会定例会において、三村知事は次のように予算案提案の説明理由を述べている。

この中で、〝就任以来、青森県の再生・新生を実現すべく、常に県民の目線、生活者の視座に立ち、努力してきた〟と表明。新年度の施策展開に当たっては、少子高齢化の進展、団塊世代が大量に退職期を迎える〝2007年問題〟、新幹線新青森駅開業など時代の潮流変化に対応することが重要だ、との認識を示した。

また、２００６年度予算編成ではプライマリーバランス（県債の元金償還金から新規の県債発行額を引いた額）の赤字幅や義務的経費を圧縮したことに触れ、〝改革の着実な前進が図れた〟と強調。さらに県の新基本計画で示した「人材」「産業・雇用」「健康」「環境」「安全・安心」など、各分野に沿って主要施策を説明した。[19]

移動式早期警戒レーダーの「Ｘバンド」がつがる市の航空自衛隊車力分屯基地に配備されることになった。三村知事はつがる市長の福島弘芳と２００６年3月30日に記者会見し、「容認はやむを得ないと判断した」と述べて、受け入れを表明した。[20]

三村知事はまた9月30日に記者会見を行い、東京電力が建設を計画している東通原発１、２号機の「重要電源開発地点」指定に同意する意向を表明、建設計画に事実上のゴーサインを出した。その上で、「指定に異議はない」とする意見書を国に提出した。[21]

12月28日、三村は年末の記者会見において「県政において青森県の再生に向けた基礎固めをしっかりと行った年だった」と述べ、この1年の主な取り組みとして、人づくり戦略への着手、県財政の元利ベースでプライマリーバランス（県債の元利償還額から県債発行額を差し引いた額）の3年連続黒字化、エネルギー産業振興戦略の策定、医師確保、グランドデザイン策定、および地域県民局設置などを挙げた。

その上で「何かと慌ただしい1年だったが、暮らしやすさのトップランナーを目指して全力で頑張った。新たな年も県民の幸せと県勢発展に全力を尽くしたい」と強調した。[22]

以上、知事就任1期目の政策提言―施策を見てきた。『東奥日報』は、「検証　三村県政４年」の中で、三村県政1期目を「三村申吾知事としては、4年前の知事選で公約に掲げた財政再建と産業・雇用対策を重視した予算が組めたと自負心を強調、その上で「リセット・再生からクリエイト、創造へのギアチェンジ」へと知事選への再選出馬以降、2期目にかける想いをこのように表現した」、と総括している。

『東奥日報』が2005年9月に実施した世論調査によれば、三村県政を「評価する」と答えた人のうち、評価する政策で最も多かった回答は財政再建の27・1%だった。県民世論は緊縮型の〝三村路線〟への期待を示したのである。

三村知事は県議会の2月定例会の冒頭で、環境・エネルギー産業の創出、あおもり農工ベストミックス新産業創出構想、あおもりウェルネスランド構想、さらに青森県エネルギー産業振興戦略の策定などと、これまで取り組んできた施策の数々を挙げて、「自主自立の青森県づくりに向け、着実に進めてきたという思いがある」、と自負を込めて振り返った。

確かに、三村県政1期4年間で予算規模は1千億円縮小、貯金である基金残高は2007年度末見込みで2003年度に試算したマイナス849億円より約1100億円多く、313億円の黒字を確保した。しかし、この段階では依然として財政危機からは抜け出していなかった。(23)

第3節、知事2期目

・2007年

2007年6月に実施された知事選で、三村申吾は再選を果たした。それに先立って、1月4日、年頭の記者会見で、三村知事は東通村長の越善靖夫が高レベル放射性廃棄物最終処分場の受け入れに強い意欲を示している点について、「(歴代知事が) 最終処分を受け入れる考えはない―との方針で対処してきた。私もこの方針を堅持する」と述べて、県内に最終処分地を造らせないとの考えを改めて表明した。[24]

続いて、2月21日、県議会の定例会が開催され、三村知事は、2007年度予算案について提案理由を説明した。その中で、1期目の県政運営について行財政改革や〝攻めの農林水産業〟など各種の施策を挙げ、「自主自立の青森県づくりに向けて着実に進めてきた」と総括。キャッチフレーズに「青森県の元気」「青森県の笑顔」を掲げることを明らかにし、「夢あふれる明るい青森県づくりに向けての準備は今まさに整いつつある」と、各種の政策提言の進捗ぶりを説明した。[25]

それは極めて重要であると思われるので、以下に、三村知事が行った提案理由説明の中のさわりの部分を紹介しておく。

「地域資源を活かした「攻めの農林水産業」の推進、「環境・エネルギー産業」の創出、「あおもり農工ベストミックス新産業創出構想」や「あおもりウェルネスランド構想」、更には「青森県エネルギー産業振興戦略」の策定、「達者村」や「海彦・山彦の里」事業等あおもりツーリズムの推進、喫緊の課題であり少子高齢化対策としても重要である「保健・医療・福祉包括ケアシステム」の推進や「医師確保のためのグランドデザイン」の策定、若年者の就職を支援する「ジョブカフェあおもり」や中高年の再就職を支援する「キャリア情報センター」の開設、原子力施設の安全対策の徹底や県民の安全安心に向けた取組み等、自主自立の青森県づくりに向け着実に進めてきたという思いがあります[26]」。

三村知事は2007年5月8日、記者会見を行い、六ヶ所村を中心とするむつ小川原地域の2020年代までの開発の指針となる「新むつ小川原開発基本計画」を策定したことを報告した。1995年の計画見直しから着手して12年を経て、ようやく新たな方向が定まったのだ[27]。

2007年6月29日現在の知事の資産内容が12月10日、資産公開条例に基づき公開された。それによると、三村知事の土地や定期性預貯金など金額に換算できる資産総額は9144万5553円で、4年前の前回公開時より27・8％、3516937円減少した[28]。

6月3日に行われた知事選で再選された三村知事は、12月28日、県庁で行われた年末記者会見で、次のように語っており、それは、自信に溢れた記者会見である。

冒頭で、「私ども青森県のこの1年を振り返ってみますと、今年は1月から3月にかけて、例年になく暖かく雪の少ない冬でした。11月には県内各地が大雨にみまわれましたが、本県の農作物は昨年と同様、素晴らしい出来でありました。特に、りんごのセールスで歩いたときは、本当に褒められまして、うれしかったです」と述べた。

その上で、「私は県知事就任以来、「青森県を元気にしたい」との思いで、「ふるさと青森県の再生・新生」に向けて、全力で取り組んできました。青森県が目標とする将来像として「生活創造社会～暮らしやすさのトップランナーをめざして～」を掲げた「生活創造推進プラン」を策定し、行財政基盤の確立に向けた改革を進める中にあっても、県民の皆様方と一緒に自主自立の青森県づくりのための取り組みを進めてきたと、そういう思いがあります」と自己評価した。

最後に「具体的には、未来と今を支える「人財（人のたから）」の育成、「産業・雇用」における攻めの農林水産業、あおもりツーリズム、あおもり型産業の育成、保健・医療・福祉包括ケアシステムの推進、医師確保のためのグランドデザインの策定、原子力施設の安全対策の徹底や県民の皆様方の安全・安心に向けた取り組み等を着実に進めてきております」、と結んだ。(29)

・2008年

2008年1月4日、三村知事は年頭の記者会見で、次のように語り、これまで知事1期目で「耕した芽」を育てていく決意を示した。

「今年は新たな県の基本計画や行財政運営の基本指針策定の作業が本格化する、非常に重要な年であります。人口の急激な減少、少子高齢化の一層の進行、地域格差の拡大、市町村合併の進展や本格的な地方分権が進む中で、これらの新しい計画はこれまで耕し種をまき芽を育てたものを、芽吹かせ結実させていくための新成長戦略ということになるわけであります[30]」。

『東奥日報』は、三村知事が六ヶ所村議会において、高レベル放射性廃棄物最終処分を含む核燃サイクルの勉強会が高まっている点を記者団から聞かれた際に、〃知事「最終処分拒否貫く」〃という見出しをうち、三村知事が「県民に約束した通り、青森県を最終処分場にしないということを貫いていく」、と語ったと報じた[31]。

次いで、三村知事は、２月22日に開催された県議会定例会の議案提出理由の説明の中で、重点事項について次のように述べた。

「平成20年度の「青森県重点推進プロジェクト」の基本的な考え方について申し上げます。平成20年度は、「生活創造推進プラン」が最終年度となることを踏まえ、「現行プランに基づく総仕上げ」、「次期基本計画を視野に置いた次なるステージへのステップアップ」と位置付け、選択と集中の考え方に立って、特に、「安全・安心、健康」、「人財育成」、「産業・雇用」、「環境」、「地域づくり支援」の５つの分野で、自主自立のための仕組みづくりに留意しつつ、戦略的・体系的な取組みを進めることといたしました[32]」。

県は12月18日、２００9年度をスタートとする新たな「行財政改革大綱」を決定した。取り組み期間は２０１3年度までの5年間であり、「公共サービス改革」、「県庁改革」、および「財政構造改革」を大きな柱とし、職員の適正化や財政健全化対策などを進める。また大規模施設の整備、新規模施設の凍結を継続する、という。なお、２００9年3月末には、３４０人の県職員の削減や各種機関の統廃合や市町村への業務移譲など１１5項目を盛り込んだ実施計画を策定した。(33)

三村知事は12月28日の年末の記者会見で、今年1年を振り返り、「世界的な原油価格の高騰や、米国のサブプライムローン問題等に端を発した〝１００年に1度〟といわれる不況の波が、私ども青森県にも押し寄せてきた年でありました。しかし、そのような中にあっても、県民の皆様方の頑張りによりまして、未来へとつながる芽が着実に育ってきた年でもありました」、と挨拶した上で、りんご販売につき記者団からの質問に次のように回答した。

「来年というより実際、年明けに仕分け（健全果と被害果の選別）の部分とそれから、総合的に青森りんごの会ともども全国で色々どういう戦略をしていくか、用意したでしょ、いろんな予算を。1月明けに、1月の後半になると思うけども、……今もう一度、新年度というよりも、今年のこのりんごについて、一斉に全国で販売体制、販売体制というかキャンペーンやっていきます。いろんなかたちで、あるいは全国の学校、いろんなところで食べてもらう仕組みだったりとか、それぞれ色々アイデア、りん対協（青森県りんご対策協議会）、りんごの会、我々でつくっているところなんですが、そういった、決して今年は品物悪くないどころか、非常に良いわけです、品質が非常に良いわけです。ひょうの害のあったりんごであっても高い評価うけてます。だからこそ、もう一度、「二日一個のりんご、医者いらず」の我々の青森りんごをみんなで食べて、この国、健康になってほしい[34]」。

・2009年

三村知事は2009年1月4日、恒例となっている年頭記者会見を行い、今年度の課題を述べた。この点について『東奥日報』は、〃雇用・安心に重点〃という見出しをつけ次のように報じている。

「三村知事は、09年度から県の新たな基本計画〃未来への挑戦〃がスタートすることを挙げ〃県民一人一人が輝いて生きられる社会、心の豊かさ、命、健康、環境など暮らしやすさが守られ、安んじて生きられる社会を目指す第1歩となる年〃とし〃職員全体が目指す姿を実現するため、強い意思と行動力を持ったプロとして行動する〃と強調した[35]」。

越えて、2月20日、三村知事は県議会定例会において予算案の議案説明理由の中で、今年度の施策を述べて決意を新たにした。県にとって、医師確保が大きな問題となっていることが理解できる。

「産業を元気にするための「攻めの農林水産業」や「あおもりツーリズム」、「あおもり型産業」や「環境・エネルギー産業」の推進、そして県民がこの青森で安んじて暮らしていくための「保健・医療・福祉包括ケアシステム」や「医師確保のためのグランドデザイン」、命を大切にする心を育むための取組みなど、県民の皆様が、この青森の地でいきいきと暮らすことができるよう、また、希望を実現するためにチャレンジすることができるよう、新たな仕組みづくりを進めてきました。

こうした取組みを積み重ねて活動の基盤を創り、そして豊かな地域資源を活用し、創造性を十分に発揮しながら、ひるまずに新しいものにチャレンジする、私は、このことこそが、私たち青森県の未来を切り拓く確かな力になると考え、これまで発展のための様々な土台を創り、種を蒔いてきました。そして今、次なるステージへ飛躍するための基盤が整い、新たな芽が育ちつつあると確信しているところです[36]」。

三村知事は、12月28日の年末の記者会見でこの1年間を回顧して、次のような認識を披露した。年頭初めと2月定例会で示した施策が順調に進展していることが推測できる内容である。知事に就任して2期目を順調にこなし、自身が謳った政策提言―施策がようやく軌道に乗ってきたもの、といえる。

「さて、今年からスタートした「青森県基本計画・未来への挑戦」では、本県が持つ食料やエネルギーといった資源を最大限に活用し、いわゆる「生業（なりわい）」づくりを進め、県民一人ひとりが輝いて生きられる社会、そして、心の豊かさ、命・健康・環境など、暮らしやすさが守られ、安んじて生きられる社会の実現を目指しております。

このため、「青森県行財政改革大綱」に定めた行財政の改革にもしっかり取り組みますとともに、これまで以上に「選択と集中」を徹底しながら、大きな可能性を持つ青森県の未来に向け、果敢に挑戦していきたいと考えています[37]」。

ところで県は２００９年度、重点施策を効果的に推進していくため、県政運営の新たなマネージメントシステムを導入した。09年度からスタートした新たな県基本計画「未来への挑戦」で掲げた「産業・雇用」「安全・安心、健康」などの４分野・62施策を効率よく進めていく仕組みだ。各部局が前年度の施策の実施状況と現状を示す客観的な指標、課題、および今後の方向性を自己点検するほか、県職員が経済産業団体や企業、福祉団体などに出向き現場の課題や県への要望など生の声を聞き取り、優先的に取り組む政策を決定していく、という。それは、なかなか面白いアイデアであって、成功することを念じたい。(38)

・２０１０年

三村知事は、２０１０年１月５日、恒例の年頭記者会見を行った。その際、12月に東北新幹線の全線開業を控え、開業効果を観光、企業誘致、および雇用などあらゆる分野に結びつけていくと、抱負を語った。また、県内６県民局が進めている観光客受け入れ、県産品ブランドなどの取り組み事例を報告し、その上で「このチャンスをしっかりと生かし、本県の発展につなげなければならない」、と強く訴えた。(39)

次いで、２月24日、県議会の定例会が開催され、三村知事は平成22年度予算につき議案提案理由を述べた。その中で、東北新幹線全線開業の意義を次のように指摘している。説明は、その通りで正論である。

「今年は、東北新幹線が、全線開業を迎える年であります。これまで進めてきた取り組みにより、私たちは、今、道路、空路、航路、そして鉄路、この４つの基盤を手にすることとなります。この４つの基盤をいかに活かしていくか、全線開業というこのチャンスをいかに活かしていくか、今年は私たちの知恵と力が試される年でもあります。……

新幹線全線開業は、国内各地、そして世界各地とのアクセス時間の短縮を図り、それは観光産業のみならず、私たちの生活のあらゆる分野、青森県の社会経済全般へ大きな影響をもたらすものであります。……

県民の皆様方の「地域を変える」という強い意欲と確かな行動こそが、青森県の新たな地平を切り拓く原動力となるのです。新幹線全線開業を千載一遇のチャンスとして捉え、観光のみならず他の産業も活性化して元気な青森県を創るため、今こそ力をあわせて進むときです[40]」。

ただ、12月に東北新幹線全線開業を控えた一方で、9月の県議会定例会では、三村知事の関連企業である「三村興業社」が特定の県発注工事で受注率が異常に高かったことが問題となり、翌年の知事選をめぐり与党と野党の激しいさや当てが展開された[41]。

さて12月4日、県民待望の東北新幹線がついに全線開業した。盛岡以北の基本計画決定から38年を経て、青森県と首都圏を結ぶ高速交通の大動脈がつながったのだ。県内各地では多彩な記念行事が行われた。12月28日に行われた年末の記者会見で、三村知事は、この1年間を振り返りながら猛暑による養殖ホタテへの影響を懸念した上で、東北新幹線の全線開業を喜んでいる。

「今年も慌ただしい年でありましたが、地球規模での温暖化が進んでいることを強く感じた年でもありました。本県においても記録的な猛暑が続き、農林水産物に大きな影響を与えました。特に陸奥湾の養殖ホタテは来年以降への影響も懸念されるところであります。一方、様々な分野で県人が活躍した年でもございました。……去る12月4日には、県民の38年にわたる悲願であった東北新幹線、そして青い森鉄道が全線開業いたしました(42)」。

第4節、知事3期目

・２０１１年

２０１１年６月には、知事選挙が予定されていた。三村申吾知事は、１月４日、年頭の記者会見を行ったが、『東奥日報』はその内容を次のように伝えている。

「(三村知事は) ２０１１年を実質的な新幹線開業年と位置づけ、本県の交流人口拡大につなげる飛躍の年にしたい―と年始の抱負を述べた。三村知事はＪＲ６社が４月から実施する県観光の大キャンペーンや、県内で年間を通して数多くのコンベンションが予定されていることを挙げ「本県のさらなる飛躍に向け、またとないチャンスの年。得意分野の食産業などを生かし、開業効果を県全体に波及させたい」と意欲を示した(43)」。

次いで、２月24日に開催された県議会定例会での２０１１年度予算案の提案理由の中で、三村知事は、〝収支均衡をおおむね達成した〟として、次のように自慢げに述べている。

「まず、『行財政基盤の安定なくして県政なし』という強い思いの下、本日、議場におられる多くの議員の皆様方にも御理解を賜り、平成15年度に策定した『財政改革プラン』等に基づき、徹底した行財政改革を進めてまいりました。

その結果、本県財政は、地方交付税の大幅削減などの極めて厳しい歳入環境が続く中にあっても、多額の財源不足に対処し、財政再建団体への転落を回避するとともに、元金ベースでのプライマリーバランスを実質的に黒字転換させ、県政史上はじめて通常の県債残高を減少局面に導くことができました。また、平成23年度当初予算においては、収支均衡、すなわち基金に頼らない財政運営の実現に目処が立ち、次世代にしっかりと引き継いでいくための財政構造の確立を果たすことができました[44]」。

しかし、3月11日には「東日本大震災」が発生し、本県も津波などで大きな被害を受け、三村知事はこの対応に力を注がざるを得なかった。このため、県政を取り巻く環境は一変し、多額の財政出動を余儀なくされ、知事は苦しい状況に追い込まれた。ただ、6月5日に実施された知事選では、三村知事は圧倒的票差で元県議の山内崇を制して、3選された。

三村知事は「3・11大震災」への対応、知事選を潜り抜けた一方で、「観光国際戦略局」や「生活再建・産業復興局」を新設して新たな局面に備えたのである[45]。

暮れの年末の記者会見において、三村知事はこの1年間を振り返りながら、次のように所感を述べた。震災対策に追われながらも、東北新幹線の全線開業を殊の外喜んでいる。

「今年は、東北新幹線全線開業という熱気冷めない中でのスタートだったわけですが、春浅い3月11日、東日本大震災という歴史的な災害に見舞われました。東北そして東日本全体がこれまで経験したことのない過酷な状況に直面し、今なお困難を抱えている多くの方々がおられます。そして、その震災直後から、超円高という状況が続いており、私たちの暮らしや経済に大きな影響を与えております。……本県においても、大震災により、尊い生命や貴重な財産が失われ、港湾・漁港等のインフラ施設や、水産業、農業などの産業基盤への大きな被害、大規模な停電など、県民生活のあらゆる分野に影響が及びました。……。

世界各地から寄せられたご支援・ご協力、皆さんの温かいお心に、心から感謝申し上げます。

そして4月末には、JR東日本の最大のご尽力により、東北新幹線が全線再開しました。デスティネーションキャンペーンもこれに先立ってスタートしたわけですが、10月には世界に開かれたソウル便の運航も再開されるなど、来年に向けた足がかりも整いつつあります。……県では、先般、「青森県復興ビジョン」を策定しましたが、今後は、このビジョンに基づいて、「攻めの復興」をさらに加速し、震災をバネとして、青森県をよりよい形で次代に引き継いでいかなければならないと決意しております(46)」。

元県知事で早稲田大学名誉教授の北川正恭は「3・11視点　震災と知事選」(『東奥日報』)の中で、「中央集権から脱却を、明確なビジョン必要」だとして、他の地域より比較的被害の少なかった青森県が、東北復興のためにリーダーシップを発揮すべきであり、「(三村申吾)知事に求められるのは、青森県の明確なビジョンを掲げた上で、実行体制をつくること。……地方分権の中で、目的達成型のトップリーダーが

求められる」、と指摘している。北川の指摘はその通りで、三村知事は万全な対策を講じたのである。(47)

・2012年

2012年1月4日、三村知事は、年頭の記者会見を行い、冒頭で「生活創造社会」について次のように述べた。

「これまで私たち青森県として暮らしやすさのトップランナー「生活創造社会」、これを目指しその実現に向けてさまざまな取り組みを進めてきました。先の震災では、心の豊かさや命・健康・環境など、生業(なりわい)に裏打ちされた日々の生活の大切さが、改めて問われたと感じております。本県が持つ強みや可能性を伸ばしていく取り組みをますます加速させ、一人ひとりが輝く、この「生活創造社会」を、皆様とともに目指していきたいと思っております。

現在、県内各地では、復旧復興のための取り組み、東北新幹線全線開業1周年を契機としたさまざまな取り組みも進められております。また、今年は、東北新幹線にとりましては八戸開業10周年を迎える節目の年にも当たるところでもございます(48)」。

ところで県サイドは海外・県外観光客から〝外貨〟獲得を県経済活性化の起爆剤としたい思惑があり、リピーターづくりの観点からも個人客対応を重視した。三村知事は記者団からの質問に対して、「指摘を受けていることは多々ある。対応していかないといけない」と決意を示した。ただ、県の調査によれば、外国人観光客の数は、直近のデータである前年11月で２０１０年の３分の１に留まっていた、という。[49]

次いで、三村知事は２月22日、県議会定例会で２０１２年度当初予算の提案理由説明の中で、次のような認識を披露した。その中で、東北全体の復興に貢献していく「創造的復興」を目指した「青森県復興ビジョン」の策定が注目された。

「私は、未曾有の大震災からの１日も早い復旧・復興を成し遂げるため、震災関連経費として、これまで延べ10回にわたり補正予算を編成し、復旧・復興への取組みを集中的に進めてきました。

被災者の雇用を確保するための取組みや、本県産輸出品や外国人観光客に係る風評被害対策、本格的な産業インフラの復興支援など、復興への動きを加速させながら、昨年12月には、震災をバネとして、単なる復元にとどまらず、今までよりも進化した地域社会を形成し、東北全体の復興に貢献していく「創造的復興」を目指した「青森県復興ビジョン」を策定いたしました。……

まずは、「あおもりイノベーションの推進による『攻めの復興』」であります。不断のイノベーションに取り組みながら「攻めの姿勢」で創造的復興を目指します。２つ目は、「グローバル社会で飛躍する青森県づくり」であります。３つ目は、「安全・安心、災害に強い新たな青森県づくり」であります。４つ目は、「県民力による地域の絆の強化」であります。そして最後は、「美しいふるさとの創造と継承」であります。

今後は、これら５つの基本理念のもと、県民の皆様と力を合わせ「攻めの復興」に取り組み、青森県の創造的復興を実現し、東北全体の復興を支え、我が国の未来に貢献してまいりたいと考えております[50]」。

三村知事は、11月の定例県議会での臨時予算提案理由説明の中で、青い森農林振興公社と青森県肉用牛開発公社への貸付金の債権放棄を求める議案について触れ、巨額の県民負担が生じることに関して、「県議会、県民の皆さんにご心配をかけて申し訳ない」と陳謝を余儀なくされた。県の債権放棄額は農林振興公社分が227億4千万円、一方、青森県肉用牛開発公社分が1億1500万円であった。

知事は、「公社が事業を進めてきた長い歴史の結果」と前置きしながら「県民負担が生じることに私自身、忸怩（じくじ）たる思い」「判断を先送りせず将来負担の拡大を食い留めることが、私たちに求められる責任だ」、と強調した。(51)

最後に、三村知事は年末の記者会見においてこの1年間を振り返り、その中で、復興元年に、求人率が上昇し、外国人観光客が徐々に回復したことを誇っている。

「東日本大震災の発生から1年を迎えた本年は、震災からの「復興元年」と位置づけ、私を先頭に県庁をあげて県経済の活性化、そして県民の生命と暮らしを守るための施策に「攻めの姿勢」で取り組んで参りました……。一時、0・3倍台まで低下した有効求人倍率は、本年5月には、20年ぶりに0・6倍台に上昇し、以来、その水準を維持しているほか、来春卒業する高校生の11月末現在の就職内定状況は前年同月を上回るとともに、11月末としては、15年ぶりに1倍を超えるなど、雇用環境も少しずつ改善して参りました。

震災により、大きく減少した観光客については、早期に震災前の状態に戻し、その水準を維持しており、今後、東北新幹線八戸開業10周年を契機とした誘客促進策や、年明けに運航される台湾からのチャーター便による観光客数の上積み効果に期待をしているところです。……また、救急医療提供体制の向上を図るため、10月には全国5番目となるドクターヘリ2機体制を構築するとともに、12月からは地域における健康づくり体制の向上のために、私が以前から推進してきた「保健・医療・福祉包括ケアシステム」の一環として、ヘルスプロモーションカーモデル実証プロジェクトを全国で初めてスタートさせました[52]」。

・2013年

2013年1月4日、三村知事は（恒例の）年頭の記者会見を行い、「縄文遺跡群の世界遺産登録に向け、ますますの機運醸成を図ってまいりたいと存じます」と述べた上で、次のような認識を示した。

「平成25年は、『青森県基本計画未来への挑戦』及び『青森県行財政改革大綱』の最終年となることから、これら計画等の総仕上げとして、チャレンジする姿勢を堅持して各種施策を進めつつも、これまでの取組みについてもしっかりと検証し、新たな計画、新たな大綱の策定を通じ、青森県の目指す姿をお示ししたいと考えています[53]」。

知事は記者団とのやり取りの中で、2013年政府予算の決定が年末明けにずれ込んだことに関して「県の予算編成も日程的に非常に追い込まれている。早く政府予算を示してほしい」、と国に要望した。[54]

次いで、2月22日、平成25年度当初予算の提案理由説明の中で、重点施策を示した。この提案が6月に行われた知事選における「選挙公約」の中に組み込まれたのは、いうまでもない。

「平成25年度の重点施策について、4つの戦略キーワードに沿って、その概要を御説明申し上げます。第1のキーワードは、「雇用の創出・拡大」であります。第2のキーワードは、「低炭素・循環型社会の実現に向けた取組の強化」であります。第3のキーワードは、「あおもり型セーフティネット」であります。第4のキーワードは、「志を持ち、青森県を創造する人財の育成」であります。最後に、各地域県民局が行う地域づくりについてであります[55]」。

ただ、2013年度（平成25年）県予算案については、『東奥日報』が新規事業も良いが、実効性をあげるべきだとして次のように批判的に報じている。

「13年度は三村申吾知事の下で08年度に策定した県基本計画〝未来への挑戦〟の最終年度であり、その総仕上げの予算となる。引き続き震災からの創造的復興推進の視点で〝選択と集中〟に務め施策の重点化を図ったという。……新規事業も多く、意欲はうかがえる。要は、いかに実効性を高めて成果に結び付け県民の活力を向上させるかだ[56]」。

一方、『陸奥新報』は、それでも県の財政規律が維持されたとの認識を示した。

「県の2013年度一般会計予算総額は、東日本大震災の影響で大胆な財政出動した前年度当初を下回ったにもかかわらず、県債の新規発行額、基金の取り崩し額は上回る結果となった。背景には青い森農林振興公社の経営破綻に伴う負担発生、地方交付税の削減という要因があり、そうした〝特殊要因〟を除けば財政規律は維持したといえる」[57]。

こうした批判を踏まえて、三村知事は12月27日、年末の記者会見で1年間を振り返りながら次のように述べた。

「この1年を振り返ってみますと、酸ヶ湯で観測史上最深を更新するほどの大雪に始まり、8月には2度にわたる大雨被害があり、9月には台風18号が大きな被害をもたらしました。全国的にも自然災害が目立った1年でした。被害に遭われた方に改めてお見舞い申し上げますとともに、防災公共の取組を着実に進めていかなければとの思いを強くしています。……

明るい話題が多い年でもありました。3月には「はやぶさ」が時速320キロでの運転を始め、5月の三陸復興国立公園創設、7月の三沢・札幌線就航、そして12月には白神山地が世界自然遺産登録20周年を迎えました。県内各地で大いに盛り上がったと感じています。さらに、昨日、ANAの青森空港への再就航が決まりました。関係者の皆様のご尽力に感謝申し上げる次第です」[58]。

『東奥年鑑　2015年版』によれば、「(今年は) 今後数年間の県政運営の方向性を定める主要な計画の策定が相次いだ1年だった」と指摘し、次のように総括している。

「県の次期基本計画『未来を変える挑戦』では、自然、歴史、文化、観光など本県の地域資源や価値が世界から評価される〝青森ブランド〟の確立を目指すと指示。行財政改革大綱では、三村申吾知事が03年就任以来凍結してきた大規模施設の堅持を前提に、容認する姿勢を初めて打ち出した」[59]。

実際、三村知事は11月8日、記者会見を開き、県の次期基本計画「未来を変える挑戦」について、次のように説明しており、県政に取り組むための新たな姿勢を誇示した。

「本日の庁議において、県の新しい基本計画である「青森県基本計画未来を変える挑戦」（案）が決定されました。この計画は、平成26年度からの県政運営の基本方針となるもので、人口減少や経済社会のグローバル化の進行など、本県を取り巻く社会経済環境が大きく変化している中で、県民が安心して元気に暮らせる社会を県と県民が共にめざしていく、その進むべき道筋を明確に示したものです。これまで、「生活創造社会」実現のために取り組んできた10年間の取組の成果として、アグリ・ライフ・グリーンという成長分野における本県の強みが明らかとなってきました。その一方で、平均寿命が全国最下位であることや人口減少の進行といった克服していかなければならない課題もまた存在しているところです。

そこで、次期基本計画は、本県の強みをとことん生かすとともに、課題を伸びしろの大きいチャンスと考え、本県の成長の可能性をしっかり捉え、県民の皆様と思いを共有して果敢にチャレンジしていくための、青森県の「生業」と「生活」の成長戦略として位置付けています。

今回の「青森県基本計画未来を変える挑戦」（案）は、現行の「青森県基本計画未来への挑戦」の理念を継承し、2030年のめざす姿の具体像として「青森県の『生業』と『生活』が生み出す価値が世界に貢献し広く認められている状態」いわゆる「世界が認める『青森ブランド』の確立」を掲げており、その実現に向けて、県として全力で取り組んで参りますので、県民の皆様のご理解・ご協力をよろしくお願いする次第です[60]」。

・2014年

三村知事は2014年1月6日、県庁内で年頭の記者会見を行い、所感を述べた。その内容について、『東奥日報』は次のように報じており、いわゆる〝青森ブランド〟を強調した。

「2014年度から5年間を期間とする基本計画は、2030年度の本県の目指す姿として、県産だけでなく暮らしや観光、技術なども世界から評価される〝青森ブランド〟の確立を掲げている。三村知事は「今年は、計画に基づきさまざまな取り組みがスタートする。わたしとしては、産業・雇用分野での仕事づくり、所得向上に力を入れたい」と抱負。県産品のブランド化や農商工連携、再生可能エネルギーの導入促進などに加え、「原子力関連産業の振興と原子力分野の人材育成を図る」との展望も示した。

また、力を入れている短命県からの脱却については、ヘルスリテラシー（健康教養）の普及に引き続き務める考えを示し、「県民に健やか力を認識してもらえる大小の取り組みを、どんどん展開していく」、と述べた[61]。

次いで、三村知事は2月23日、2014年度当初予算の提案説明理由を述べ、その中で、次のような認識を披露した。注目すべき箇所は「青森県ロジスティクス戦略」であり、津軽海峡の存在を意識し、それを活用しようという壮大な気構えが見てとれる。

「本年1月、県では、将来を見据えた挑戦の1つとして今後進めていくこととしている〝青森県ロジスティクス戦略〟を策定いたしました。消費市場と生産市場とが、時間、距離、コスト、情報の壁を乗り越えて円滑につながる環境づくりとして、ロジスティクス基盤の育成・整備を行い、本県と国内・世界との経済交流の拡大を実現しようとするだけではなく、長期的には、アジア・北米航路や将来の北極海航路を見据え、国際基幹航路としての重要性が高まる津軽海峡を本県の強みとして生かし、県勢発展の強力な武器にしていこうという取組みであります。

20年、30年先を見据えたとき、津軽海峡は本県の発展の礎であるのみならず、日本経済の成長を支える基軸の一つであると確信しているところであり、海洋国家日本としての戦略の構築、国家的関与の必要性を、引き続き国に対して強く働きかけていくとともに、戦略に基づく短期的な取組みを、関係者の皆様とともに着実に進めていきたいと考えています。このように、私は、今に対応するだけではなく未来をも見据え、青森県の新たな可能性を切り拓くため、本県の「未来を変える挑戦」に県民の皆様とともに積極果敢に取り組んでいく覚悟であります[62]」。

三村知事は12月28日、定例の年末の記者会見を行った。その中で、1年間を振り返り次のように述べており、知事の政策提言がそれなりに成果をあげ、希望に満ちた会見であった。翌年、2015年6月には知事選挙が控えており、4期目を目指す三村の決意のほどが伺われる。

「個別に振り返りますと、何といっても米ということを私は思うところであります。ＴＰＰあるいは減反廃止、農協改革、経営所得安定対策制度の見直し、そして米価の大幅下落と、稲作を巡り大きな出来事が続いた1年でございました。

一方で私ども青森県としては、「青天の霹靂」が鮮烈なデビューを飾り、また、米・食味分析鑑定コンクール国際大会では、明日を担う若い作り手が私ども青森県としては初の最高賞を受賞するという快挙もございました。是が非でも「青天の霹靂」で特Ａ評価を得て、我々青森県の腕の立つ最高の作り手が、最高の米を作ることができる、そういった環境を整えたいと思います。

そしてそのことで、青森県産米の主力でございます「つがるロマン」、「まっしぐら」の評価向上につないでいきたいと考えております。また、りんごの単価が過去10年間で２番目に高いものとなり、販売額も９００億円を超えました(63)」。

第5節、知事4期目

・2015年

三村申吾知事は2015年1月5日、定例の年頭記者会見を行い、次のように所感を述べた。[64] その際、記者団からの質問に答えて、八戸駅、新青森・七戸十和田駅に続く〝第三の開業〟と位置付ける2016年春の北海道新幹線開業に向けた準備を一層加速させる考えを示した。「雪をわっと溶かすような盛り上がりに高めていかなければいけない」と県内の機運醸成に力を注ぐ一方で、海外からのチャーター便が多く運行している函館空港や青函フェリー航路を活用した交流人口拡大に、強い意欲を示した。[65]

三村知事は2015年2月19日に臨時記者会見を開催し、県が開発した県産初の「青天の霹靂」が特A米に評価されたことを誇らしげに語った。

「今日、穀物検定協会から発表がございまして、私どもの「青天の霹靂」は、1年目で「特A」評価をいただくことができました。一言うれしいです。ありがとう」。（万歳三唱）……「(「特A」評価は）長年の夢でございましたし、何十年もだめでどうなんだっていう風な、いろんな思いがありましたし、みんなで頑張ろうとは思うものの、つらいつらいという気持ちもありました」[66]。

次いで、知事は2月23日、2015年度県一般会計当初予算の提案理由を述べた後、次のような所信表明を行った。

「人口減少や短命県など本県が直面する課題を挙げて、『未来を変える』という強い意思を持って、果敢にチャレンジしていくことで必ず克服できると確信している」と決意を述べ、特に、人口減少について、今後、「子ども」を中心に据えた施策展開を図る方針を示し、「結婚、妊娠・出産。子育てなど一連のライフステージを地域を挙げて支援するとともに、子どもたちの希望を実現する環境を整えることが人口減少を克服していく上で不可欠」だと強調した[67]。

三村知事の決意を踏まえた形で県は8月6日、人口減少社会の克服に向けて、2015年度から2019年度までの5年間で取り組む施策の基本目標を盛り込んだ「県総合戦略」と、施策が効果を表した場合の人口展望を示す「県長期人口ビジョン」を決定している[68]。

三村知事は8月6日、定例記者会見の中で「県総合戦略」に関する記者団からの質問に対して「人口減少社会ということ、また、人口ビジョンを併せて発表させていただきましたが、危機であればあるほど、真剣に対応していきたいという強い思いで、このことに対応してまいりました。比較的早い段取りで進めてきました。平成18年からいろいろ取り組んできたことと、青森県の基本計画、この方向性と課題が一緒でございますから、われわれとして、今日、『まち・ひと・しごと創生青森県総合戦略』を決定させていただき、市町村も急ぐということでございましたので進めさせていただきました」、と答えた[69]。

最後に、三村知事は12月28日、年末の記者会見の中で、人口減少について懸念を述べた。『東奥日報』は次のように報じており、三村知事の必死な取り組み方が伝わってくる。

三村知事は、県が25日に発表した2015年の国政調査結果速報で本県の総人口が130万8649人と、10年前の前回時に比べて4・7％減ったことについて「減り幅が（各種推計より）小さかった。上振れしたことは一筋の光り」と述べ、今後は人口減少対策として交流人口拡大や農林水産業振興を強化していく考えを示した。「減ったということに変わりがないが」としながら、国立社会保障・人口問題研究所（社人研）の15年推計値130万5510人を3200人余り、県が8月に策定した「県長期人口ビジョン」の将来展望130万6273人を2300人余り上回ったと説明した[70]。

・2016年

2016年1月4日、三村知事は年頭の定例記者会見を行った。その中で、所感として、本県の喫緊の課題である人口減少克服に向けて、「新たな取り組みに果敢にチャレンジすることが重要」「さまざまな施策に失敗を恐れず攻めたい」などと意気込みを語った。具体的には、物流を軸にした産業立地や観光客の滞在期間の増大といった施策を、県庁全職員で進めるとした。その上で、人口減少対策の一環として、本県独自の産業を持つことが重要になると考えを改めて強調し、また「物流拠点としての本県のポテンシャルに着目し、新たな産業立地の可能性を探る」、と述べた[71]。

次いで、三村知事は2月23日の記者会見において、2016年度当初予算案について「ふるさとを再生し、青森の本当の力を発揮していくための転換点になってほしいとの思いで組んだ」とし、人口減少克服に向けて全庁挙げて取り組む姿勢を明確にした。

また、「人、食糧、文化の揺り籠である農山水漁村集落に、経済が集まり、人が戻って来る仕組みを整えないといけない」とし、集落営農支援や基盤整備を総合的に進める考えを強調した。[72]

この点について、『陸奥新報』は「社説：県当初予算案―人口減克服、県民一丸で挑戦」の中で、知事が示した内容が〝総花的〟だと、批判している。

「当初予算案では、人口減少克服に向けた〝まち、ひと、しごと創成総合戦略〟に計457事業、234億円を計上した。自然減、社会減対策のための施策を強化したとしている。同戦略の事業を見ると、総花的な印象を受ける。逆に、人口減少対策に少しでもつながりそうな施策を結集したものと見ることもできよう。人口減少に対する特効薬はない。ありとあらゆる施策を行い、減少速度を緩めることが肝心だ[73]」。

話は前後するが、県は2月22日、機構改革の一環として、防災や消防、原子力災害など危機管理に関する部署を集約した「危機管理局」を2016年度に新設する方針を明らかにした。県が新たな部局を設けるのは、2011年度の「観光国際戦略局」設置以来のことである。[74]なお、県の機構図の詳細については、巻末の資料①を参照されたい。

翌23日の定例会において、三村知事は「議案第53号『権利の放棄の件』について申し上げます」と述べて、貸し工場の19億円の債権放棄に関して県民に謝罪した。まことに残念なことである。

「公益財団法人21あおもり産業総合支援センターが県の貸付金により運営しているオーダーメイド型貸工場について、現在の利用企業の株式会社ANOVAの出資企業である株式会社翔栄から、県及び同センターに対し、貸工場における設備投資及び貸工場購入の申し入れがあったことを受けて、同センターと連携し、その内容を慎重に検討し協議にあたった結果、これまでの貸工場事業の実施による経済効果や貸工場の売却に伴い今後見込まれる設備投資に伴う経済効果等のプラス面の効果と、売却しなかった場合の損失等マイナス面の影響等を総合的に勘案し、売却することがトータルとしての県民の利益につながるとの判断に至ったものであります[75]」。

越えて、12月28日、知事は年末の記者会見を行った。その中で、２０１６年の県政を表す文字を尋ねられて、「交」の一文字を挙げ、北海道新幹線開業により「本県と道南は一つの交流圏、観光圏になった」と強調。インバウンド（外国人観光客）の増加については「さまざまな事業者と組んで商品造成、道南や東北全体での連携など、これまでの積み重ねが着実に花開いた」と述べた[76]。

２０１６年3月26日、北海道新幹線新青森駅―新函館北斗間が開業、「新海峡圏時代」の幕開けを祝った一方、他方で、２０１６年4月1日の時点で、本県の人口推計は１２９万７７６２人となり、１３０万人を割り込んだ。ちなみに、県の推計人口が１３０万人以下となるのは１９５０年（１２８万２８６７人）以来、実に66年ぶりのことだ[77]。

・２０１７年

三村知事は１月４日、定例の年頭記者会見を行った。その中で、年頭所感として、２０１７年を北海道新幹線の効果獲得に向けた「正念場」と位置付け、その他の観光コンテンツとも組み合わせながら国内外からの誘客に積極的に取り組む姿勢を示した[(78)]。

次いで、２月22日に開催された県議会定例会での議案提出説明の中で、知事は次のような認識を述べ、「３つの戦略プロジェクト」の推進を強く訴えた。

「平成29年度は、「青森県基本計画未来を変える挑戦」が４年目の総仕上げの段階に入るとともに、「まち・ひと・しごと創生青森県総合戦略」に基づく取り組みも本格的に展開していくことから、具体化の成果を獲得していかなければならないと考えています。

そのため、本県の重要課題に分野横断で重点的に取り組むために設定している「人口減少克服」、「健康長寿県」、「食でとことん」の３つの戦略プロジェクトの取り組みを加速するとともに、特に、県内経済の更なる成長、若者や女性の県内定着の促進、そして２０２５年の超高齢化時代への対応に向け、集中的に対策を講じることといたしております[(79)]」。

さらに、三村知事は12月28日に行われた年末の記者会見では、交流人口の拡大について、次のように述べ、陸海空の交通機関を駆使した「立体観光」をしっかりと進めていくと意気込みを語り、観光産業に県が全力を注いでいることを強調した。

「今年1年を振り返ってみますと、やはり交流人口の拡大において、大きな成果が見られたと思っております。北海道新幹線開業を契機として、平成27年のプレ、昨年の本番、そして今年のアフターと、3年間にわたって実施いたしました「青森県・函館デスティネーションキャンペーン」により、青函エリアが観光ルートとして認知されてきましたし、陸・海・空の交通ネットワークを組み合わせまして、いわゆる立体観光が着実に進展してきました。

インバウンドにつきましては、今年1月から10月までの外国人延べ宿泊者数は19万4千人に達し、東北トップとなっております。観光戦略に定めました平成30年の目標でありました20万人は、1年早い達成が確実と思っているところであります。

その要因にもなるわけでございますが、今年は、青森県にとりまして22年ぶりの国際定期便となります青森・天津線、国際定期チャーター便であります青森・台北線が就航いたしましたほか、青森・ソウル線は週3便から週5便への増便が実現いたしました。また、2年連続で利用者数が100万人を突破いたしました青森空港は、国の「訪日誘客支援空港」に認定されましたし、クルーズ船の寄港実績が過去最多となります22回を数えた青森港は、新中央埠頭が延伸されます[80]」。

・2018年

三村知事は、1月4日、定例の年頭記者会見を行い、年頭の所感として地域で魅力ある仕事を造り、多様な雇用を生み出し、そこで生まれた収入を地域経済の中で循環させることが重要だ」と強調し、「経済」

を今年1年のキーワードに挙げ各施策に注力していく方針を示した。その際、中国の「鶏犬相聞(けいけんあいきこゆ)」という言葉を引用し、「平和で幸せが広がる県づくりに取り組む」、と語った。[81]

知事は2月23日、県議会定例会で議案提案理由を述べ、その中で3つの戦略プロジェクトを軸とした一連の取組みをさらに展開すると語った。

「平成30年度は、『青森県基本計画未来を変える挑戦』が最終年度を迎え、計画の総仕上げと次なるステージにつなぐステップアップのための重要な1年となります。また、『まち・ひと・しごと創生青森県総合戦略』についても、更なる成果を着実に積み重ねていく大事な段階にあります。

本県では、重要課題に果敢にチャレンジするため、基本計画に基づき、『人口減少克服』、『健康長寿県』、『食でとことん』の3つの戦略プロジェクトを設定し、重点的に対策を講じてきたところであり、今後も、これまでの取組みの成果を持続・拡大させるとともに、県内全域に波及させていく必要があります。

そこで、新年度においては、3つの戦略プロジェクトを軸とした一連の取組みを展開しつつ、これまで以上の成果を獲得するため、次の3つの視点を重視し、戦略プロジェクトの枠を越えた一体的な取組みも進めていきたいと考えています[82]」。

三村知事は12月28日、年末の記者会見を開催し、この1年間を振り返り次のように語り、外国人観光客の誘致に全力を注ぐ姿勢を鮮明にし、それを県経済の活性化に繋げる決意を改めて示した。

「振り返ってみますと、観光分野では立体観光の推進など、国内外からの誘客促進に積極的に取り組み、特にインバウンドでは今年1月から10月までの外国人延べ宿泊者数が約25万人泊と、既に、過去最高を記録しました昨年1年間の実績を上回っております。

好調なインバウンドを支える国際定期便につきましては、青森・ソウル線が2年連続で冬期間、週5便に増便され、昨年就航した青森・天津線も今年のウインタースケジュールでの週4便への増便が実現しました。そして台湾のエバー航空が来年夏にも、青森・台北線の就航を予定しているという大変うれしい知らせも届いております。就航が実現いたしますと、観光面にとどまらない大きな経済効果が期待されるものであり、今後しっかりと準備を進めたいと思います[83]」。

第6節、知事5期目

・2019年

2019年6月には、知事選挙の実施が予定されていた。結論を先取していえば、三村申吾知事は圧倒的票差をつけて、対立候補の佐原若子を退けて5選を果たした。

知事は1月4日に行われた年頭の記者会見の席で今年の抱負を述べたが、『陸奥新報』は次のように報道しており、「世界に打って出る」という言葉に象徴されるように、6月の知事選を意識した決意が伺われる。

「三村知事は大きな目標を達成しようという志を意味する「図南鵬翼(となんほうよく)」を用い、「世界に打って出るという志の下、経済という力強いエンジンを積んだ青森県が〝人財〟という翼を羽ばたかせ、さらに一段上のステージに飛躍すべく全力で取り組む[84]」。

次いで、２月27日に開催された県議会の定例会で、三村知事は次のように予算案の提案理由を述べた。そこでは、新たに５つの戦略プロジェクトを提案した。

「昨年12月に策定した青森県基本計画に基づき「『選ばれる青森』食と観光プロジェクト」「多様なしごと創出プロジェクト」「『住みたいあおもり』若者・女性プロジェクト」および「未来につなぐ『健康ライフ実現プロジェクト』の５つの戦略プロジェクト[85]」。

これらの政策提言が知事選の際の公約における三村のいう冒頭の見出し、すなわち〝確かな未来へステージアップあおもり〟、に結びついた。

第7節、おわりに

以上、２００３年6月に三村申吾が知事に就任してから、２０１９年6月の選挙で知事に5選した16年の間に、いかなる政策提言、つまり施策が提示されたのか概観してきた。

この間、内閣の方は、めまぐるしく変わり、自民党は２００９年から3年間下野し、民主党政権が発足した。しかし、２０１２年、自民党は再び政権の座に復帰した。他方、青森県では、この間、自民党が一貫して県議会で多数派を占め、三村は知事職に就き、中央政府の「安倍一強」時代と並んで、今や「三村一強」時代を堅持しているかのようだ。

これまでの三村県政で示された政策―施策を概観するなら、さしあたり、次のように整理できるであろう。すなわち、まず1期目と2期目は、前政権の後始末の時代であり、それに没頭せざるを得なかった。次いで2期目と3期目は、自前の政策提言が展開された時代で、三村知事の施策が芽を出し始めた。そして4期目と5期目は、三村政治の〝成熟〟時代であって、自身が描く政策提言が花開いた時期である。この間、青森県は、世界および日本の政治・経済的危機から多大な影響を受け、それに対応しながら、本県の政治、経済、および社会的地位向上に努めてきた、といってよい。端的に言えば、政策提言が見事に成功した事例もあるし、失敗した事例もないわけでない。そのよし悪しの判断は、次章で扱うことにしたい。それにつけても、三村知事の政策提言の多種多様さには感服する。特別なプロジェクトチームを形成して、達成すべき内容を検討しているのであろう。

例えば、初代民選知事の津島文治は、県庁内に「企画室」を設け、官僚出身者でなく科学者の松野伝を副知事に任命、科学的行政の推進に当たらせたことがある。ただ、行政の縦割り組織に妨害され、政策提言は必ずしも具体的成果を挙げない内に、廃止に追い込まれた。(86)

これに対し、三村知事の方は2005年10月28日、岩手県庁で開催された「4道県知事リレーセミナー」の中で、次のように述べて、県庁内の提案者事業実施制度＝「庁内ベンチャー」の活動に言及している。それは現在も継続されているのであろうか。極めて興味深い制度である。

「私どもでは、提案者事業実施制度、〃庁内ベンチャー〃と言っているのですが、職員それぞれがチームをつくって、部門も何も関係なしで、チームをつくって提案をしてもらいます。その提案がよければ企画立案した職員に対して権限、財源を与えて自分でやってみろと、そして徹底して支援する。2年間で一定の成果を出せよということを知事就任以来提案してやってもらっています(87)」。

《注》

(1)「三村知事が所信表明」『デーリー東北』２００３年７月17日。ただ、三村知事は、７月１日、すでに知事就任後の初の記者会見で、１９９７年度に策定した新県長期総合（新プラン）について「見直さざるを得ない」と述べた。また、津軽海峡大橋建設構想についても「非常に困難で難しい。検証はするが、やらないということだ」と述べて、木村前知事の構想推進には否定的見方を示していた（「三村新知事が就任会見」『東奥日報』２００３年７月２日）。そこでは、木村県政の見直しが明白で、県職員も前政権の箱物行政と大胆プランを忌避する姿勢が浮かぶ。

(2)『所信表明〔平成15年７月16日の定例会での冒頭あいさつ〕』（２００３年７月16日）。
https://www.pref.aomori.lg.jp/message

(3)同上。

(4)同上。

(5)「青森県この１年　政治・経済　―県政」『東奥年鑑　２００５年版』〔東奥日報社、２００４年〕、76～77頁。

(6)「〝販売戦略室〟を設置」『東奥日報』２００４年１月５日（夕）。

(7)「〝財革議会〟スタート―県議会２月定例会開会」『陸奥新報』２００４年２月25日。

(8)「〝改革実行の第一歩―県議会開会」『東奥日報』２００４年２月24日（夕）。詳細は『第２３７回定例会提出議案知事説明要旨』（２００４年２月24日）。https://www.pref.aomori.lg.jp/message を参照。

(9)『東奥年鑑　２００６年版〈記録編〉』〔東奥日報社、２００５年〕、62頁、92頁。

(10)三村知事は会見の中で、「県民が安心感を持つには、日本原燃が実際に安全操業を積み重ねていくことが大事で、私どもも安全操業を厳しく求めていく。事業者、国は不祥事の反省に立って安全操業の道筋を歩んで欲しい」などと述べた（同上、『東奥年鑑　２００６年版〈記録編〉』、93頁）。記者団から「三村知事にとっては、重く難しい決断だったとお考えでしょうか」と聞かれ、三村知事は「常にこの原子力政策に係る判断については、第一義的にはご存じのとおり事業者、国においてその方向性等が明示され、その責任において進められるものでありますが、まさにこの安全協定等、地域、地元において締結等決断することは、常に重い責任であると私自身としては自覚しております」、と答えた（『臨時会見―ウラン試験に係る安全協定関係』（２００４年11月18日）。https://www.pref.aomori.lg.jp/messag）。ここに三村知事の原子力政策対応への本音が見てとれる。

(11)『三村知事の年末記者会見』(２００４年12月28日)。https://www.pref.aomori.lg.jp/message
(12)『平成17年 年頭記者会見』(２００５年1月4日)。https://www.pref.aomori.lg.jp/message
(13)同上。
(14)『第２４１回定例会提出議案知事説明要旨 平成17年2月23日』(２００５年2月23日)。
https://www.pref.aomori.lg.jp/message
(15)前掲書『東奥年鑑 ２００６年版〈記録編〉』、93頁。『臨時会見―ＭＯＸ燃料加工施設立地協定総合判断』(２００５年11月1日)。https://www.pref.aomori.lg.jp/message
(16)『平成17年 年末記者会見』(２００５年12月28日)。https://www.pref.aomori.lg.jp/message
(17)「安全確保指導を要請」『東奥日報』２００６年1月5日。
(18)「再処理工場でアクティブ試験」『東奥年鑑 ２００７年版』〔２００６年、東奥日報社〕、１０９頁。
(19)「知事、人材育成に意欲―県議会開会」『東奥日報』２００６年2月23日(夕)。「行革などで論戦へ―県議会2月定例会開会」『陸奥新報』２００６年2月24日。
(20)藤本一美『戦後青森県の政治的争点 １９４５年~２０１５年』〔志學社、２０１８年〕、13~15頁。『臨時会見―Ｘバンドレーダーに係る共同記者会見について』(２００６年3月30日)。https://www.pref.aomori.lg.jp/message
(21)『平成18年9月 定例会見―庁議報告他』(２００６年9月30日)。https://www.pref.aomori.lg.jp/message
(22)「再生・新生へ基礎固め」『東奥日報』２００６年12月29日。
(23)同上、２００７年2月20日~2月26日、なお、２００７年2月21日に開会した県議会定例会での提出議案説明の中で、三村知事は6月の知事選に向けて、異例の「決意表明」を行った。知事が本会議の議案説明において自らの知事選出馬に向けた個人的な決意を示したことは過去に例がなく、野党各派から「公私混同も甚だしい」と批判の声があがった(「知事、異例の決意表明」同上、２００７年2月22日)。出馬意識が先走ってしまったのであろう。
(24)「最終処分受け入れず―高レベル廃棄物―知事方針堅持」同上、２００７年1月5日。
(25)「知事、再選へ決意表明」同上、２００７年2月21日(夕)。「産業・雇用対策に重点―知事が所信表明」『陸奥新報』２００７年2月22日。
(26)『第２４９回定例会提出議案知事説明要旨 平成19年2月21日』(２００７年2月21日)。
https://www.pref.aomori.lg.jp/message

(27)『東奥年鑑　２００８年版』〔東奥日報社、２００７年〕、１０１頁。冒頭で三村申吾知事は次のように述べた。「本日の庁議において、「新むつ小川原開発基本計画（案）」について審議いたしました。今後のむつ小川原の基本指針となります「新むつ小川原開発基本計画」につきましては、世界に貢献する新たな「科学技術創造圏」の形成を進めるという内容で、平成16年9月に素案につきまして公表しました。その後、平成17年3月に環境省から示されました指針を踏まえ、これまで環境影響評価の手続きを進めてきており、今年の3月に環境影響評価書を公表しました。

　この評価結果やその後の状況変化、ITER計画と並行して取り組まれる幅広いアプローチが六ヶ所村で実施されることになったことなどを踏まえまして、所要の修正を加えました上で、このたび新計画（案）を取りまとめたところであります」（『平成19年5月8日　定例会見―庁議報告他』（２００７年５月８日）。

https://www.pref.aomori.lg.jp/message

(28)『東奥年鑑　２００９年版』〔東奥日報社、２００８年〕、88頁。

(29)『平成19年を終えるにあたっての知事所感〔平成19年12月28日　定例会見〕』（２００７年12月28日）。

https://www.pref.aomori.lg.jp/message

(30)『平成20年1月4日　定例会見』（２００８年１月４日）。https://www.pref.aomori.lg.jp/message

(31)『東奥日報』２００８年１月５日。

(32)『第２５３回定例会提出議案知事説明要旨〔平成20年2月22日〕』（２００８年２月22日）。

https://www.pref.aomori.lg.jp/message

(33)『東奥年鑑　２０１０年版』〔東奥日報社、２００９年〕、69頁。

(34)『平成20年年末　定例会見―平成20年を終えるにあたっての知事会見』（２００８年12月26日）。

https://www.pref.aomori.lg.jp/message

(35)『東奥日報』２００９年１月６日。

(36)『第２５７回定例会提出議案知事説明要旨〔平成21年2月20日〕』（２００９年２月20日）。

https://www.pref.aomori.lg.jp/message

(37)『平成21年年末　定例会見―平成21年を終えるにあたっての知事会見』（２００９年12月28日）。

https://www.pref.aomori.lg.jp/message

(38)『東奥年鑑　２０１１年版』〔東奥日報社、２０１０年〕、70頁。
(39)「開業効果を各分野に」『東奥日報』２０１０年１月６日。
(40)『第２６１回定例会提出議案知事説明要旨〔平成22年２月24日〕』（２０１０年２月24日）。
https://www.pref.aomori.lg.jp/message
(41)「県議会」『東奥年鑑　２０１２年版』〔東奥日報社、２０１１年〕、73頁。
(42)『平成22年年末　記者会見―平成22年を終えるにあたっての知事会見』（２０１０年12月28日）。
https://www.pref.aomori.lg.jp/message
(43)「新幹線生かし、交流人口拡大」『東奥日報』２０１１年１月５日。
(44)『第２６５回定例会提出議案知事説明要旨〔平成23年２月24日〕』（２０１１年２月24日）。
https://www.pref.aomori.lg.jp/message
(45)前掲書『東奥年鑑　２０１２年版』、70頁。
(46)『平成23年を終えるにあたっての知事会見』（２０１１年12月28日）。https://www.pref.aomori.lg.jp/message
(47)「３・11視点　震災と知事選」『東奥日報』２０１１年６月１日。
(48)『知事記者会見（定例）―平成24年１月４日』（２０１２年１月４日）。https://www.pref.aomori.lg.jp/message
(49)「外国人観光回復へ〝個人〟対応充実図る」『東奥日報』２０１２年１月５日。
(50)『第２６９回定例会提出議案知事説明要旨』（２０１２年２月22日）。https://www.pref.aomori.lg.jp/message
県は２０１２年度の一般会計当初予算案を発表、規模は７１０７億円で11年度に較べて２・１％増えた。３年連続のプラス予算で７千億円を越えたのは４年ぶりだ、という。ただ、緊縮型から積極的に転じたわけではなく、東日本大震災からの復旧・復興に関わる行政需要が押し上げた形だ。……予算案発表の会見で三村知事は、「震災をバネに県民の暮らしと産業のさらなるレベルアップを積極的に推進する」と強調。この点について『東奥日報』は「施策を着実に実行し長引く不況や震災による苦境を乗り越える道筋をつけたい」と述べた（「12年度県予算」『東奥日報』２０１２年２月23日）。
(51)『東奥年鑑　２０１４年版』〔東奥日報社、２０１３年〕、72～73頁。『ようこそ知事室』の資料にはこの文章が見当たらない。
(52)『平成24年年末　記者会見―平成24年を終えるにあたっての知事会見』（２０１２年12月28日）。

https://www.pref.aomori.lg.jp/message

(53)『知事記者会見（定例）―平成25年1月4日―庁議報告ほか』（２０１３年１月４日）。https://www.pref.aomori.lg.jp/message

(54)「政府予算早く示して」『東奥日報』２０１３年１月５日。

(55)『第２７３回定例会提出議案知事説明要旨』（２０１３年２月22日）。https://www.pref.aomori.lg.jp/message

(56)「13年度県予算」『東奥日報』２０１３年２月21日。

(57)「公社破綻や交付税減額、特殊要因が財政圧迫―解説」『陸奥新報』２０１３年２月21日。

(58)『知事記者会見（年末）平成25年12月27日』（２０１３年12月27日）。https://www.pref.aomori.lg.jp/message

(59)「青森県のこの1年　県政」『東奥年鑑　２０１５年版』〔東奥日報社、２０１４年〕、64頁。

(60)『知事記者会見（定例）―平成25年11月8日』（２０１４年11月８日）。https://www.pref.aomori.lg.jp/message

(61)「トップスピードで」『東奥日報』２０１４年１月７日。

(62)『第２７７回定例会提出議案知事説明要旨』（２０１４年２月23日）。https://www.pref.aomori.lg.jp/message

『東奥日報』の藤本耕一郎記者は、〝健全化前進も実効性課題〟と見出しを付けて次のように解説している。

「２０１４年度は三村県政３期目の実質的な最終年となる。県債発行額を就任以来最少に抑え、かつ「貯金」である基金の取り崩しは10億円にとどめた14年度に一般会計当初予算案は、財政健全化への着実な前進を感じさせる内容になっている。……ただ、歳入をみると本県の〝特殊性〟が財政規律を支えている構造も浮かび上がる。核燃料物質等取扱収入が県税全体に占める割合は過去最高の15％近くに上がる見込み。〝電力業界依存〟の色は濃さを増している。……

理想論に終わらせないために問われるのは、各事業の実効性だろう。農業産出額のアップや外国人観光客の誘致では成果を上げつつある三村県政だが、クリスタルバレイ構想など、構想と現実が乖離し、将来的に県民負担を招く可能性が高い政策もある（『東奥日報』２０１４年２月24日）。留意すべき正しい指摘である。

(63)『知事記者会見（年末）―平成26年12月28日』（２０１４年12月28日）。https://www.pref.aomori.lg.jp/message

(64)『知事記者会見（定例）―平成27年1月5日』（２０１５年１月５日）。https://www.pref.aomori.lg.jp/message

(65)「交流人口拡大に意欲」『東奥日報』２０１５年１月６日。

(66)『平成26年産米の食味ランキング発表について〔臨時〕　平成27年2月19日〕』（２０１５年２月19日）。

https://www.pref.aomori.lg.jp/message

(67)「知事〝人口減少必ず克服〟」『東奥日報』２０１５年２月23日（夕）。『第２８１回定例会提出議案知事説明要旨』（２０１５年２月23日）。https://www.pref.aomori.lg.jp/message

(68)「青森県この1年―県政」『東奥年鑑　２０１７年版』〔東奥日報社、２０１６年〕、46頁。

(69)『知事記者会見（定例）―平成27年８月６日』（２０１５年８月６日）。https://www.pref.aomori.lg.jp/message

(70)「推計越え一筋の光り」『東奥日報』２０１５年12月29日。『知事記者会見（年末）―平成27年12月28日』（２０１５年12月29日）。https://www.pref.aomori.lg.jp/message

(71)「人口減克服　果敢に挑戦」『東奥日報』２０１６年１月５日。

(72)「人口減克服の転換点に―知事会見」同上、２０１６年２月23日（夕）。

(73)「社説：県当初予算案―人口減克服、県民一丸で挑戦」『陸奥新報』２０１６年２月24日。

(74)「危機管理局新設へ」『東奥日報』２０１６年２月23日。

(75)『第２８５回定例会提出議案知事説明要旨〔平成28年２月24日〕』（２０１６年２月24日）。https://www.pref.aomori.lg.jp/message

(76)「今年は交の年」『東奥日報』２０１６年12月29日。

(77)『東奥年鑑　２０１８年版』〔東奥日報社、２０１７年〕、27、36頁。

(78)「北海道新幹線効果獲得へ」『東奥日報』２０１７年１月５日。

(79)『第２８９回定例会提出議案知事説明要旨〔平成29年２月22日〕』（２０１７年２月22日）。https://www.pref.aomori.lg.jp/message

(80)『知事記者会見（年末）〔平成29年12月28日〕』（２０１７年12月28日）。https://www.pref.aomori.lg.jp/message

(81)「目指すは鶏犬相聞」『東奥日報』２０１８年１月５日。

(82)『第２９３回定例会提出議案知事説明要旨〔平成30年２月23日〕』（２０１８年２月23日）。https://www.pref.aomori.lg.jp/message

(83)『知事記者会見（年末）〔平成30年12月28日〕』（２０１８年12月28日）。https://www.pref.aomori.lg.jp/message

(84)「選ばれる県へ施策推進」『陸奥新報』２０１９年１月５日。

(85)『あおもり県議会だより―平成31年2月第２９７回定例会』第15号〔青森県議会、２０１９年5月〕、1頁。
(86) 藤本一美『青森県の初代民選知事：津島文治―「井戸塀政治家」の歩み』〔北方新社、２０１８年〕、２２６頁。
(87)『三村申吾青森県知事　講演会』（２００５年10月28日）。
https://www.pref.iwate.jp/_res/projects/default_project/

第八章、三村県政4期16年の検証

知事として県産品のトップセールスに立つ三村申吾

出典：『三村申吾オフィシャルサイト』
http://www.gogo-shingo.jp

第1節、はじめに

三村申吾知事は2019年6月2日に実施される知事選挙を控えて、4月25日、県庁で4期目の最後となる記者会見を行った。その際、記者団から4期16年の感想を聞かれ、次のように答えた。

「16年間ということでございますけども、最初の財政状況から含めてですけども、本県が抱える様々な課題を真正面から受け止め、自分としては、挑戦し続けた16年間だったと思っております。

知事就任以来、ふるさと青森県の成長と発展のため、そして県民の皆さま方の命と暮らしを守るため、〝青森県を絶対に潰さない〟〝暮らしやすさでは、どこにも負けない地域として発展させる〟との決意で、持続可能な青森県づくりにまい進してきたという思いがございます。

これまでの道のりを思い起こせば、知事就任当時の危機的な財政状況や、地方交付税の大幅な削減でありますとか、世界的なリーマンショック、金融危機・同時不況による経済の低迷、また、戦後最大の国難と言われました東日本大震災など、幾多の苦難に直面したわけでございますが、県民の皆さま方のお力をいただきながら、それらを乗り越えるべく、職員ともども全力を尽くしてきたという、そういった全体としての思いがあります」[1]。

上で述べたように、三村知事は県政運営４期16年を振り返り、今後の県政の課題克服について自信をもって対応すると表明している。知事選で勝利すれば、２０１９年７月からは三村にとって、県政を担当して５期目（17年目）に入ることになる。そこで、三村県政は現在継続中であるものの、三村知事が県政の諸課題にどのように対応してきたのか検討する。

具体的には本章では、三村県政４期16年を振り返り、これまで進めてきた政策提言の成果について、議論を分かりやすくするため、「正(プラス)」＝光の側面と、「負(マイナス)」＝影の側面とに分けて分析を試みた。論述は、三村知事が定例記者会見や県議会の定例会での提案説明の中で示した内容を踏まえ、その背景に存在する問題点を、新聞論調なども参考にしながら説明する。

第2節、「正(プラス)」の遺産

①県債務残高減少と「行財政改革」

三村知事は２０１９年４月25日、県庁で行われた記者会見の席で、記者団から４期16年の三村県政について質問を受け、県債務残高減少と「行財政改革」に関して次のように答えた。

「財政面ということでお話させていただきますが、〝行財政基盤の安定なくして県政なし〟との強い信念のもと、県民の皆さま方のご理解、ご協力をいただきながら、また県議会のご協力をいただきながら、徹底した行財政改革に取り組んできた結果、増加を続けておりました県債残高を県政史上初めて減少局面に転換させ、将来世代の負担軽減を図りますとともに、平成29年度の当初予算以降、３年連続で収支均衡予算を実現するなど、持続可能な財政構造の確立に向けて着実に前進することができました。

県の臨時財政対策債以外の県債残高についていえば、５千億を超える額を削減し、職員それぞれ大変な努力をしてくれて、アイデアを出してくれて、いろんなことを切り替えながらやっていたんですけども、そういったことも財政面では進めることができています。

しかしながら、その県債だけとってみても、県の1年の予算と匹敵するという状況で、まだまだ財政については、決して油断せずというか、財政規律、これを念頭に進めなければいけない案件であると、そのようには強く自覚しております[(2)]」。

実は、これより2年前の２０１７年2月の定例会において、すでに三村知事は次のように述べており、県債務の減少と行財政改革の成果を県民の前で鼓舞していた。

「私は、知事就任以来、青森県の「生業（なりわい）」と「生活」が生み出す価値により、暮らしやすさではどこにも負けない「生活創造社会」を実現することを目標に掲げ、本県の経済を元気にし、そして県民の幸せな暮らしを守ることに、全力で邁進してきました。

また、〝行財政基盤の安定なくして県政なし〟という信念に基づき、社会経済情勢など県政を取り巻く環境変化に柔軟かつ的確に対応しつつ、将来世代の負担軽減に責任を果たすべく、県議会及び県民の皆様方の御理解と御協力をいただきながら、行財政全般にわたる構造改革に徹底して取り組んできました。……

そして、平成29年度当初予算においては、財源不足に対応するための基金取崩額がゼロになり、収支均衡を実現するとともに、持続可能な財政構造の構築に向けて新たな一歩を踏み出すことができました。知事就任当時の本県財政が財政再建団体への転落も危惧される状況にあったことを振り返ると、万感胸に迫る思いであります[(3)]」。

〈図表①〉青森県の県債残高と基金残高

出典：「検証　三村県政'19 知事選」『陸奥新報』2019 年 5 月 3 日。www.mutusinpou.co.jp/index.php?cat=186

結論を先取りするならば、三村は２００３年６月、新しく知事に就任するや、直ちに行財政改革について、基金に頼らない財政に向けて「血のにじむような努力」を行い、その成果が、ようやく知事就任８年目の２０１１年度予算において実質的に収支均衡を達成して実を結んだ、というわけだ[4]。

それでは、２００３年６月の段階、すなわち、三村が初めて知事に就任した当時、青森県の財政事情はどのような状態であったのか。簡単に振り返ってみよう。

「県債残高が１兆２０００億円と多額の借金を背負っていることに加え、既存の箱モノの厖大な維持費の整理がついていないため、固定経費が増えてしまってどうしようもない状態になっています[5]」。

右の発言のように、三村が知事に就任して最初にぶつかった時、まさに県は危機的な財政状況であったのだ。三村知事はいう。「このままだと、向う5年間でやり繰りできない額が２０３２億になる。手形でいえばジャンプ。きちんと落とさなければ財政再建団体になる。国に管理される自治体に転落する。要するに倒産。自分たちで何も発想できなくなる」との認識を示した[6]。

都道府県の財政の健全性を示す物差しの一つに「起債制限比率」がある。それは、歳入に占める県債の元利償還金の割合で、青森県は２００２年度決算では11・８％にすぎない。20％を超えると、新たな地方債の発行が制限されるが、危険ラインといわれる15％には届いていない。

だが、県の予算規模は２００３年度当初予算で８１６５億円なのに、県債残高は１兆２５００億円もあった。また、２００３年度予算で歳出と歳入の差額の財源不足額は１７２億円に上った。不足分は基金の取り崩しで対応していたものの、このまま何も対策を講じないで取り崩しを続けると、２００６年度には基金が底をつき、４３０億円の赤字となり、財政再建団体に転落するのは必至だった。

このような借金膨張の源は、雇用対策や不況対策の名の下に、財源以上の公共投資を続けてきた前知事たちのツケである。つまり、ハコ物と呼ばれる施設の建設や派手なイベントに巨額の予算を使ってきたからに他ならない。

そこで、三村知事は、「再建団体転落を防ぐためには借金を返せる健全体質にしなければと。毎年度の経営収支が赤にならない形にする。公業務とは何かというところまで踏み込んで人員管理等も考える。徹底的な組織の見直しをやる」と決意した。[7]

知事にとっては、「それが最大の仕事」であり、前政権が残した借金地獄を受け継がざるを得なかったので、まずは最初に、財政再建と行財政改革に取り組んだわけである。

ちなみに、この間、三村知事は県庁職員１５００人を勧奨退職していると聞く。[8] 定年で辞めていく職員がかなりいるとはいえ、２００３年度から２０１８年度の16年間に均すと、毎年約１００名近くが退職していったことになる。なお、２０１９年現在、県庁の行政職員は３５７３人である。２００３年度の段階で、職員は4500人いたので定数を1000人も削減した勘定である。

こうして2011年8月、三村は知事となって3期目の段階で、2期8年におよぶ県政の成果を問われたインタビューの中で、次のように誇らしげに語った。

「2000年度前後には1500億円以上あった県債発行額は、建設事業の思い切った縮小などで11年度は528億円まで抑えた（国の財源不足で地方交付税を支払えないため、将来の交付税で国が元利を支払う臨時財政対策費を除く）基礎的財政収支（プライマリーバランス。県債発行額を除いた歳入と県債の元利償還を除いた歳出の収支）がようやく均衡するところまできた[(9)]」。

三村知事が長い時間をかけて県債務を減少させ、行財政改革の進展に伴う成果を挙げた事実は、まさしく三村県政最大の「正(プラス)」の遺産といっても過言ではなく、輝ける〝光〟そのものである。その背景にあるのは、知事に就任した2003年6月以来、財政改革プランを策定し、箱もの施設整備の凍結、普通建設事業や各種補助金の削減を進めてきたが、これらの措置が奏功したのだ、といってよいだろう。その中には当然、県職員の大幅な削減があったと思われる。しかし、県職員組合の声は聞こえてこない。

②企業誘致・増設、新産業育成による「雇用創出」

三村知事は2019年3月26日、県議会第297回定例会の議案提案説明の中で、企業誘致・増設、新産業育成による「雇用創出」について、次のように説明している。

「平成15年度からの企業誘致及び誘致企業による増設が４５０件を超え、プロテオグリカン関連商品も着実に増加しており、平成28年の製造品出荷額等が過去最高額となっています。また、正社員の有効求人倍率も過去最高を更新しているほか、県内での創業や新規就農なども堅調に推移しております[10]」。

２０１５年６月の知事選挙において、三村はついに４選を果たした。この当時、県の人口は１３１万７４３人（２０１５年５月１日推計）で、１９８３年のピーク時１５２万９２６９人から何と、約22万人も減少しており、人口減克服を雇用創出で埋め合わせようと躍起になっていた。

このような局面を打開するため、三村は産業・雇用対策を政策提言の重要な柱の１つとして位置づけていた。実際、２００３年６月の知事就任以来、３００社を超える企業の誘致・増設を実現し、それ以降も計４００社を目指すと意気込んでいた。さらに誘致企業の事業拡大などを支援し、青森県を「生産拠点」から「戦略拠点」として位置づける企業が増大するように働きかける、と説明した[11]。

ちなみに、２０１０年１月５日、三村知事は年頭の記者会見の席で、春に県内の高校、大学を卒業する予定の生徒・学生の県内雇用促進を目指し、県内の中小企業に対して、運転資金を融資（２０１５年５月１日推計）する「雇用創出特別支援枠」を設けると発表、１社あたり最大１億円の特別融資で総融資枠は10億円を新設する、と明らかにした。ここでも、雇用問題に対する積極的姿勢が表れている[12]。

それから９年経過した２０１９年５月６日、三村は、知事５期目に向けた選挙の公約を発表した。その際、記者会見の席で、「青森で食えるようにしないといけない。コールセンターとかの企業誘致に力を入れる。創業の数字も良くなった。着実に進めていく」と力強く語った。

公けにした選挙公約によれば、三村知事は企業誘致数と、誘致後の企業が工場などを増設した数を合わせて、当選した場合5期目の満了まで20年間累計で６００件を目指すとした。また、年間の起業・創業件数は１００件以上を挙げた。それは、実に壮大な目標であった[13]。

実際、三村が知事に就任した２００３年度から２０１８年度にかけての企業誘致は１期目が42件、２期目が52件、３期目が53件、および４期目が65件と増加し、知事１期目から４期目の間に２１２件となっていた。ただ、忘れてならないのは、この間に、一方で青森県から撤退した企業もあり、その数は92件に上ることだ。県が企業誘致を開始した１９６２年度から数えても、累計５９０件のうち約４割に当たる２３５件が撤退している。また、県などが県内10市に設置した支援拠点を活用した起業・創業者は、集計を開始した２００６年度から２０１８年度の累計が６０３人に上るという。だから、成果の方は若干割引して評価する必要がある[14]。

確かに、一方では、撤退した企業や中止となった事業があるとはいえ、三村が知事に就任して以降、県が誘致した企業はかなりの件数に上っており、企業誘致・増設、新産業育成による「雇用創出」にある程度成功したのだ、といってよいのではなかろうか。これは明らかに三村県政16年間における「正（プラス）」＝光の遺産の一部であったと、述べても過言ではあるまい。

③「攻め」の農林水産業

三村知事は２０１９年２月26日の県議会定例会における予算案の提案説明理由の中で、農林水産業の現状に関して、次のように述べている。

「平成29年の農業産出額は3年連続で３０００億円を突破し、14年連続で東北トップを堅持するとともに、販売農家一戸当たりの農業産出額も平成14年と比較して約2・2倍となっております。また、直近のりんごの販売額、ほたてがいの生産額がそれぞれ4年連続で１０００億円、１００億円を上回り、県産農林水産品の輸出額についても3年連続で目標に掲げた２１０億円を大きく上回りました[15]」。

周知のように、「攻めの農林水産業」は三村が２００３年6月に初めて知事に当選して以来、最も力を投入してきた政策提言＝施策の一つであり、それは販売者、消費者の視点から、高品質な農林資産物を生産し、収益性を高めることで生産者所得の向上を目指すものだ[16]。

実際、三村自身もトップセールスで走り回っており、大手量販店との取引額も増大し、知事就任直後の２００４年度は２９５３億円だった青森県の農業算出額は、ついに２０１７年度まで連続３０００億円を越え、14年間にわたり東北一位の座を保持している[17]。

また、農林水産品の県外取引額が４００億円で、リンゴの輸出は3万トンといった具体的数値目標も掲げて、達成に向けた取り組みの強化も忘れていない。それと同時に、地産地消による県内消費の強化や、農山漁村の持続的・自立的な発展につながる「地域経営」の普及にも気を配っていた[18]。

さらに、青森県が満を持して市場に投入した県産のブランド米である「青天の霹靂」は、米食味ランキングで5年連続の「特A」を獲得したのも記憶に新しい。それは正に、三村知事が唱える「攻めの農林水産業」による高品質化の象徴ともいえるもので、技術開発に力を投入した賜物であった。[19]

この点について、2015年9月、三村知事は元県庁職員の宮元均との対談の中で、「開発に10年かかりましたね。リンゴ、マグロ、ホタテ、ナガイモやニンニクなど世界一の農林水産物をもつ青森が、特A米を作れないわけはありません。〝誰もが驚くような旨さの米を全国に届けたい〟との思いで、品種育成に懸命に取り組んできました。昨年、満を持して勝負に出たところ、非常に高い評価を得ました」、と答えている。[20]

また、「東北6県の中で農業産出額が10年連続トップを継続している要因はどこにあると思われますか」と問われて、三村知事は「売れる仕組みを作ったことが大きい。商談ですので難しいところも多いのですが、日本全国、海外まで出かけ、農林水産物のトップセールスを行って、スポット取引ではなく通常取引をお願いしています。流通業者、消費者が何を求めているかを徹底的に考えて出口を作っているので、業績が伸びているのです」、と自慢している。[21]

すでに、2003年6月に実施された知事選の時の候補者主張の中で、三村は「トップセールス」を展開すると発言していたが、それが奏功した形となったのは間違いない。「攻めの農林水産業」は、明らかに三村県政の「正（プラス）」＝光り輝く遺産に他ならない。

三村はいう。「青森産ブランドを確立するためマーケットリサーチを行い、市場ニーズ対応型に再編する。知事がトップセールスを展開、〝地産地消〟運動を起こして消費拡大につなげる。第一次産業の流通分野への進出も図りたい」と、流通面でのテコ入れの必要性を強調した。[22]

④観光産業

三村知事は観光産業について、２０１９年２月26日の県議会での予算案提案理由の中で、立体観光の重要性を指摘した。

「観光・交流分野では、本県が提唱する〝立体観光〟や周遊観光の推進、青森空港の国際線の充実などにより、昨年の外国人延べ宿泊者数は、従業員数が10人以上の施設において、１月から11月までの速報値で27万人泊を超え、過去最高を記録した前年の実績を大幅に上回るとともに、青森空港の旅客ターミナルビルのリニューアルや青森港国際クルーズターミナルの建設など、更なる誘客に向けた玄関口の整備も進んでおり、今後の伸びが期待されております。また、台湾との交流については、これまでもりんごの輸出促進の取組みをはじめとして行ってきましたが、昨年末にイノベーション・ネットワークあおもりと台湾の２つの経済団体との間で経済交流覚書が締結されるなど、様々な分野で交流が進んでおり、本年７月に予定されている本県と台湾を結ぶ定期便の就航により、一層の交流拡大が期待されるところであります[23]」。

２０１９年６月２日の知事選挙に向けて三村は５月６日、青森市において第一声を上げた。その際、「外国人観光客数が増大しており、県内外で本県観光をアピールし、観光消費額は２０００億円を目指す」と有権者たちに説明した[24]。

実際、２０１９年３月上旬の定例記者会見の席でも「県庁、民間を挙げて努力した結果、エア（航空会社）とも濃い付き合いをしてルートを広げてきた」と得意の観光戦略の成果を誇っている。

確かに、訪日外国人旅行者（インバウンド）の誘致に血道をあげている各自治体の中で、青森県内の外国人宿泊者は、２０１８年に伸び率が2年連続で全国トップとなった。観光庁の報告によると、２０１８年は延37万９２８０人を数え過去最高を記録し、前年比で45・７％も増加したという。今や行政による観光政策、地域振興の成否を握るともいわれるインバウンドの分野において、青森県は紛れもなく、〝勝ち組〟となったのだ。[25]

２０１９年の知事選挙の時、『陸奥新報』が「知事選候補者アンケート」を実施しており、その中で、三村知事は「観光振興」に関する質問に対して、次のように回答している。

「滞在時間の増加と滞在の質の向上による観光消費額の拡大を図るため、生産性や収益性の向上に取り組み、本県観光産業が国内外から高く評価され、投資を呼び込める産業となることを目指す。……陸路・海路・空路を組み合わせた「立体観光」を推進し、外国人延宿泊数50万人を目指す[26]」。

三村知事が推進した「観光振興」は県観光産業に向けて、今後も外国人観光客の増大が期待されるところである。もちろん、訪日客対策に〝工夫〟も必要であるとはいえ、観光産業は三村県政の「正（プラス）」の一側面＝光に他ならず、これからも、それは県にとってプラスの遺産として貢献するのは間違いない。[27]

⑤原子力・エネルギー政策

三村知事は２０１９年４月25日、県庁の第三応接室で行われた定例の記者会見の席で、原子力・エネルギー政策に関して、次のように答えた。

「原子力政策については、要するに国家戦略、国の戦略としてのベストミックスという考えがある。自分としても、現実の問題として、ベストミックスということは重要だと思っている。

化石燃料をいかに減らすかというのが、非常に我々として大きなテーマだと思っています。要するに水循環だとかいろんなのをやっている我々とすれば、化石燃料の持つＣＯ$_2$の意味合いというのが非常に大きいから。

国策として、国家としての観点から進めてきた、絶対的な安全確保を大前提として、地域振興ということを加えて、立地地域に対しての非常に丁寧な応援というか支援というか、そういうこと等を含めて進めてきたという経緯があるんだけれども、その経緯ということについて、決して忘れることなく、そういった地域対策ということを考えていきたいということと、安全のことについては原子力規制庁が非常に丁寧に、かなりきっちりとやってるじゃないですか。国としての姿勢というものについては、我々としても何といっても安全確保が第一義でございますから、そのことについては評価するとともに、しかしながら、段取りについても含めてですけど、審査を適切に、的確にすることは、申し入れを何度かしているわけですけれども、そのことについてはお願いしたいと思っています[28]」。

三村が推進し展開する原子力・エネルギー政策を「正（プラス）」＝光の部分に色分けすることについては、異論がある方も多いと思う。しかしながら、青森県が従来促進してきた原子力・エネルギー政策は、元々、歴代知事たちが国との間で取り交わした「負（マイナス）」の遺産であって、三村はその後始末に追われてきたのだ。

周知のように、青森県の下北地方には、核廃棄物の再処理工場、東通原発、大間原発、および中間貯蔵施設の原子力関連施設が集中的に立地し、各々の地域と深く結びついている。そのような環境の中で、青森県のかじ取りを担ってきた歴代知事たちは、原子力政策に対するスタンスが鋭く問われてきた[29]。

ただ、残念ながら、最近では三村知事が選挙戦の街頭で原子力・エネルギー政策に言及することはほとんどない。「安全なくして原子力なし」を前提に、原子力・火力・再生可能エネルギーなどを適切に組み合わせた「エネルギーのベストミックス」の重要性を挙げながら、原発・核燃の是非を前面にださないのだ。それは、明らかに知事選挙への影響を意識しているからであろう[30]。

ただ一方で、現実には、青森県に多額の〝原子力マネー〟がかなりの額入り込んでおり、雇用の裾は広い。例えば、２０１７年度までの電源三法交付金の累計は約３３３０億円に達したし、また、日本原燃（六ヶ所村）では、２０１９年４月１日現在、県出身者１７７０人が雇用されており、立派な「地元企業」になっている。これまで県は、国内のエネルギー供給基地として原子力と再生エネルギーの共存を目指してきたのである[31]。

確かに、現実には県民にとって一面で好ましくないような状況下にあるとはいえ、他方で、三村がこれまで県民のため、原子力・エネルギー政策を巡って、目をつむり何もしてこなかったわけではない。例えば、２０１２年１月、旧民主党政権時代に都内で開催された国の原子力政策大綱策定会議で、これに出席していた三村知事に委員の一人が次のように質問をした。

「高レベル放射能性廃棄物最終処分地の受け入れを県民に納得してもらうのは難しいと感じているのか」と。この話を耳にした三村知事の顔色は変わり、「全くあり得ないと何度も話している」「（最終処分地にしないという）これまでの約束をないことにするのか」と、気色ばんで机を叩き強く反論した、という。[32]

青森県では、県民の間から、県が国から１９９４年および95年に得ていた、「青森県を高レベル放射能廃棄物の最終処分地にしない」旨の確約書の実効性を問う声が上がっていた。そこで、三村知事は２００８年４月25日、経済産業省において経産相の甘利明から「青森県を最終処分地にしない」との確約書を改めて受け取ったのだ。ただ、過去の確約書にあった「知事の了承なくして」の文言は外されていた。一方、県議会はこれより先の３月11日に、野党３会派が提案した「青森県を高レベル放射能性廃棄物最終処分地としないことを宣言する条例案」を、質疑や討論抜きで反対多数で否決している。[33]

この点を敷衍しておくと、三村知事は、２００８年２月の県議会定例会における一般質問の中で、高レベル放射性廃棄物の最終処分に関して、「現職知事として、あらためて国から確約文書を得ることが必要であると認識している」と答弁し、「青森県を最終処分地にしない」旨の確約書を再度国から得る方針を示していた。

国は１９９４年と１９９５年に、青森県に対して同様の趣旨の確認書を提示していた。しかし、三村は「昨年11月にアクティブ試験でガラス固体化の製造が始まり、この搬入や最終処分地をめぐり、さまざまな議論がなされている。こうした状況や県議会の意見を踏まえた」と確認書提示の理由を述べた。

三村知事は２００８年３月27日、経産省を訪問、確約書の提示を正式に要請した。これを受けた形で、経産相の甘利が4月25日、高レベル放射性廃棄物の最終処分地問題につき、「青森県を最終処分地にしないことを改めて確約する」と明記した確約書を三村知事に手渡したのだ。確かに、県側の意向を踏まえ懸案であった「知事の了承なくして」の文言は盛り込まれなかったものの、三村知事は「国としても明確な約束で、県民の安心につながる」、と一定の評価をした[34]。

今回の確認書について『東奥日報』は、「解説」記事の中で一歩前進も疑問を残すとして、次のように報じた。

「高レベル放射性廃棄物の最終処分に関する新たな確約書で、国は〝知事の了承なくして〟の文言を外し、さらに〝(確約は)今後とも引き継がれていく〟と明記していた。〝知事の了承なくして〟の文言は〝将来の知事によっては処分場が誘致される可能性がある〟として、反核燃派などが懸念を示していただけに、今回の確約書は過去のものから一歩踏み出した内容といえる。しかし、これが本県を未来永劫最終処分地にしないことを保証するか―と言えば、疑問が残る。それは最終処分場建設の見通しが全くたっていないためだ[35]」。

『陸奥新報』もまた「解説」の中で、〝担保性に疑念残す〟と今回の確約書に対して次のような懸念を示した。

「新たな確約書には、94年、95年の確約書が現在も引き継がれていることを記した。これも読みようで〝知事の了承〟も引き継がれると解釈される。この点を県側は〝知事の了承を得ることはまったく想定していない〟(原子力立地対策課）と強調し、否定した」[36]。

このように、知事が経産相との間で再度確認した〝高レベル放射能廃棄物の最終処分地確認書〟は、誰のためでもなく県民のためのものに他ならず、それは、三村知事にとって紛れもなく「正（プラス）」＝光のあたる成果の一部であったことは、間違いないだろう。

⑥地域包括ケアシステム

２００３年6月の知事選の際、すでに三村は「選挙公約」の中で、「保健・福祉・医療を一体化した包括ケアシステムを推進し、短命県を返上」すると述べており、地域包括ケアの重要性を謳っていた[37]。

三村は百石町長時代の仕事として、「新時代の感性と大胆な発想で行政を展開。なかでも、福祉・医療・保険を一元化する〝包括ケアシステム〟の推進で全国的評判を得た」と自負しており、それは知事就任後に県内各自治体で採用され、一定の成果を挙げている。

その意味で、三村が百石町長時代に導入した「地域包括ケア」は、もっと注目されてよい政策提言の一つである。国全体はもちろん、超高齢化社会を迎える本県においても、医療、介護、および福祉支援など総合的面での地域での協力体制は欠かせない。

２０１８年2月現在、青森県の高齢化率は31・32％で、ことに西北地域の5自治体の大半は35％を超えているという。団塊世代が75歳以上になる２０２５年には超高齢化社会がさらに進展すると予測されており、住み慣れた地域で人生の最後まで自分らしい暮らしができるよう、医療、介護、介護予防、認知症対策、および生活支援などの面で高齢者を支える「地域包括ケア」の完備が望まれている。[38]

いわゆる「地域包括ケアシステム」は、三村知事が町長時代からの政策提言－施策の一つであって、現在も各自治体で実施されている。それは明らかに、三村県政16年における「正」の遺産の一部に他ならず、光輝く政策である。事実、三村は２０１９年の知事選の「選挙公約」の中でも、「ライフ（医療）・福祉・健康」分野の産業振興で〃仕事〃を創造」と宣言して、地域包括ケアシステムの構築への取り組みを重視していた。[39]

第3節、「負（マイナス）」の遺産

改めていうまでもなく、三村県政には「正（プラス）」の遺産だけでなく、「負（マイナス）」の遺産もある。米国がミサイル防衛のために開発した、新型の移動式早期警戒レーダーの「Ｘバンド」がつがる市の航空自衛隊車力分屯基地に配備されることになった。三村知事はつがる市の福島弘芳と２００６年３月30日に記者会見し、席上、「容認はやむを得ないと判断した」と述べて、受け入れを表明した。県側は同日、さっそくこの方針を国に伝えた。Ｘバンドレーダーの配備は４月以降、日米両政府が取りまとめる在日米軍再編の最終報告に盛り込まれるという。米軍は夏にもレーダーを暫定的に運用する意向で、こうして本県には、三沢基地周辺に続いて新しい米軍基地ができることになった。(40)

①Ｘバンドレーダーの配置

この点を敷衍しておくと、三村知事と福島市長は、防衛庁長官の額賀福志郎に早期警戒レーダー＝「Ｘバンドレーダー」の車力分屯基地への配備に伴う安全確保や民生安定対策などを要請していた。両者は、２００６年３月30日午後６時から記者会見に臨んで、受け入れ条件を説明した。

その中で、「現状を超える米軍の基地機能強化は容認できない」との県サイドの基本姿勢に対して、三村知事は、①Ｘバンドレーダーは迎撃隊などの武器は伴わない、②米軍関係者の中核は軍人ではなく技術専門家、③レーダー利用は国民保護や被害対処に貢献する―などの観点から「今回のケースは強化には当たらないと判断した」と述べた。さらに県議会の議論や各会派の回答、県民説明会での意見、額賀長官と福島市長の意向確認など、必要な手順をすべて踏んだ上での判断だったことを強調した。[41]

一方、福島市長は額賀長官に対して、①Ｘバンドレーダー配備後の新たな機能強化はしない、②レーダー配備に伴う事件事故、環境破壊には責任をもって措置する、③地域の負担軽減を図る新たな交付金などを早急に実施する―の3点を確認したとして、「条件付きで協力すると判断した」と受け入れの理由を述べた。Ｘバンドレーダーは、弾道ミサイル防衛のための新型移動式レーダーであり、２００５年10月に日米が合意した在日米軍再編の中間報告で日本への配備が盛り込まれ、12月に当時、防衛副長官であった木村太郎が「車力が最有力候補」と県とつがる市に説明していた。

その後、県や市は国の担当者に出席を求め、議会や住民に説明する場を設けてきた。ただ、国の配備正式要請は3月3日になってからで、この点について、三村知事は、30日の記者会見において「遅め遅めの対応だった」と、また、福島市長は「時間が足りなかった」と国側の説明不足を指摘するなど、額賀長官との会談の中で迅速な情報提供を求めたことを明らかにした。[42]

こうした動きに対して、『とめよう戦争への道！ 百万人署名運動・県連絡会』（西舘庄吉・代表）が車力基地へのＸバンドレーダー配備への反対を県に申し入れた。西舘は、県庁を訪問、Ｘバンドレーダーの配備は米国防御を目的とした軍事施設だと主張し、県内にはすでに米軍三沢基地、核燃料サイクル施設が立地している現状からして、テロ攻撃の対象になりやすいと訴え、「軍事施設増強がなぜ民生安定につながるのか、知事のいう安全・安心は単なるジェスチャーにすぎない」、と強く批判した。[43]

『東奥日報』は斎藤光政・編集委員の署名入り記事の中で、既定路線の感否めずと今回の容認を次のように批判した。

「米国の要請から1ヵ月もたたない時点でXバンド配備受け入れ、県内各地の説明会に出向いた国側、説明会をセッティングした県とつがる市も〝3月末決着〟という既定路線に沿って突っ走った感が否めない。……現時点ではっきりしているのは、Xバンドの高出力のレーダー波を浴びせられた日本海の向うの国々にとって、車力は最新兵器が展開する〝米軍の重要基地〟と認識されることだろう[44]」。

三村知事はXバンドレーダーの車力配置に関して、２００６年3月30日、福島市長と一緒に臨時記者会見に臨み、次のように経緯と決断の理由を述べた。それを見ると明らかなように、知事はながながと弁明せざるを得なかった。

「私としては、地元つがる市長の要請を受け、また、これまでの県議会における御議論や県議会議員全員協議会での御意見、県民説明会における御意見等を踏まえれば、Xバンドレーダー配備に係る安全確保、民生安定対策等について、国の考えを確認する必要があるものと考え、本日3月30日、額賀防衛庁長官に対し、私とつがる市長から、地元としての6項目に係る要請及び確認をいたしました。

1点目の「Xバンドレーダーの配備・運用に伴う道路管理上及び道路交通上の安全確保」については、国からは、「国としても安全確保に万全を期する」との確認がなされました。

2点目の「Xバンドレーダーの配備・運用に伴う電波照射に係る周辺住民等の安全確保」については、国からは、「立入制限区域を設定するとともに、周辺住民の安全確保に万全を期する」との確認がなされました。

3点目の「Xバンドレーダーの配備・運用に伴う治安維持上も含む住民の生活環境等への悪影響の排除」については、国からは、「国として責任を持って対応する」との確認がなされました。

4点目の「Xバンドレーダーの配備・運用に伴う国から地元への最大限の民生安定対策等」については、国からは、「地元に対する民生安定対策について最大限努力する」との確認がなされました。

5点目の「Xバンドレーダーの配備・運用に伴う国から地元への雇用創出や物資調達等による最大限の地元振興」については、国からは、「国としても最大限努力する」との確認がなされました。

6点目の「Xバンドレーダーの配備・運用に伴う農林水産物等の風評被害に係る的確な対応」については、国からは、「実際に農林水産物等に何らかの被害が生じ、因果関係が認められる場合には、国が損害を補償する」との確認がなされました。

以上6点の詳細につきましては、会見終了後、天童管理監からレクチャーをさせます。

そこで、私としては、Xバンドレーダー配備に係る安全確保、民生安定対策等について、責任ある立場の額賀防衛庁長官から確認できたことは、重いものと受け止めたところです。

また、本日3月30日午後、地元つがる市長から、「地元からの要請、確認に対する国の回答は評価できるものであり、要請のあったXバンドレーダーの配備に対しては条件を付して協力することと判断した」旨の意向を確認したところであり、先程、三役・関係部長会議を開催し、Ｘバンドレーダー配備問題について慎重に協議したところです」[45]。

いずれにせよ、Ｘバンドレーダーの配置の決定は、三沢市周辺に続いて本県に新たな米軍基地ができたことを意味する。言うまでもなく、Ｘバンドレーダーの車力への配備は、住民としては受け入れがたいもので、国や県につながる市側が押し切られたのは明らかである。多額の交付金がつながる市に入るとはいえ、海の向こうの北朝鮮やソ連邦は一体何と思うのであろうか、と心配せざるを得ない。Ｘバンドレーダーの配備は、極東地域の安全保障を一段と危機的状況に追いやるもので、容認できない。西津軽海岸ではかつて自衛隊の駐留に反対して、これを撤回させた歴史があり、それを三村知事は知らないはずがない。その意味で、Ｘバンドレーダーの車力への配備は、国の要請だとはいえ、明らかに三村県政の「負」の遺産＝影の一部に他ならない。

②再処理工場でアクティブ試験

日本原燃が六ヶ所再処理工場で予定していた最終的な試運転（アクティブ試験）が２００６年３月31日に開始された。これは三村知事が六ヶ所村長の古川健治とともに、28日、試運転開始に関する意向を表明し、日本原燃と安全協定を締結した結果を受けたもので、17ヶ月間にわたり、約４３０トンの使用済み核燃料を再処理し、プルトニウム約２トンを抽出する。こうして、国内初の民間再処理工場は、２００７年８月の本格操業を目指し、稼働を始めることになり、核燃料を繰り返し使用する「核燃料サイクル」の実

現に向けて大きな一歩を踏み出した。反核団体は、この件について「県民投票」を実施すべきだと、怒りの声を上げた。(46)

この点を詳述しておくと、上で述べたように、三村知事と古川村長は3月28日、日本原燃・六ヶ所再処理工場の最終的な試運転（アクティブ試験）について、試運転に同意する意向を表明、日本原燃に安全協定の締結を申し入れ、29日締結した。

三村知事は、県民から意見聴取やプルトニウム利用に向けた電力会社への要請、関係閣僚との会談などの同意表明までの経緯に触れ、「重い決断だった。県の安全・安心をどう確保するか（を考え）品質保証体制を確立してほしいと（事業者に）とことん要求してきた。なすべき手順を考え、提案し、すべてを材料に判断するに至った」と述べた。

県と六ヶ所村は翌29日、試験開始の前提となる安全協定を日本原燃と締結。安全協定は25条で構成され、従来のトラブルを踏まえて、住民との意見交換によって相互理解の形成を図り、信頼関係の確保に努めるよう事業者に求めたのが、その特徴であった。(47)

こうして、六ヶ所村の使用済み核燃料再処理施設工場は、4月1日、事実上、稼働することになった。事業者の日本原燃が同日の午後2時58分、同核燃料から実際にプルトニウムを取り出す試運転を開始。だが、三村知事が安全協定を表明したことに対して、県内外の反核燃団体から一斉に反対の声が上がった。県庁正面玄関前で抗議活動をしていた『核燃料廃棄物搬入阻止実行委員会』共同代表の平野良一は、「あんな看板を掲げる資格があるのか」と玄関脇にある〝命を育む県民運動〟の文字を指さし、「知事は1～2年間、県民と対話を重ね、県民投票を実施した上で判断すべきだ」として、試運転を急ぐ必要がないと強調した。[48]

『デーリー東北』は、「時評：責任の重さを自覚せよ─再処理工場稼働」の中で、再処理工場運転の開始について、次のように懸念を表明した。

「わが国のエネルギー政策の根幹をなす核燃料サイクル。その要である使用済み核燃料再処理工場がついに動き出した。日本の〝プルトニウム利用時代〟への突入である。これまで国も原子力政策と足並みをそろえて歩いてきた青森県にとっても、大きな節目を迎えたといえよう」と指摘。その上で、「青森県にとっては〝地域振興の起爆剤〟として受け入れた核燃との本格的な共存のスタートでもある。安全性への強い不安がいまだ消えない再処理工場と隣り合わせの生活が始まる。約束された地域振興は、これまでどれだけ成果を見たのか。今後、県民が核燃によってどのくらい幸せになれるのか。動き出した〝サイクル〟を目にし、あらためてそんなことを考えてしまう」と懸念。最後に、「決して原子力政策の先行きは明るいわけではない。取り出したプルトニウムを原発で再び燃料として利用するプルサーマル計画の将来は不透明だ」からだと批判した。[49]

三村知事は、２００６年3月28日、アクティブ試験に関する臨時記者会見を開き、次のように結論を下して、終始弁明に務めざるを得なかった。

「このような観点から、県としては慎重の上にも慎重に手順を踏んで参り、三役・関係部長会議を開催して協議した結果、関係各位からいただいたご意見等を総括すると、先に公表した安全協定書（素案）、細則（素案）をもって安全協定を締結することについて、大筋として了とする方向にあることなどについて確認するとともに、核燃料サイクル協議会における国等からの回答、原子力施設安全検証室からの報告、日本原燃株式会社社長に対する確認結果、六ヶ所村長の意向等を勘案すると、安全協定を締結することは適当との意見の一致をみたところです。

私としては、これまでいただいたご意見や確認結果等を踏まえながら、手堅く、慎重の上にも慎重を期して参りましたが、これらを踏まえ総合判断した結果、安全協定を締結することは適当との判断に至り、安全協定書案、細則案について、日本原燃株式会社に提示し協定締結を申し入れることといたしました。また、アクティブ試験に係る安全協定書案、細則案においてより強化した部分等について、ウラン濃縮工場、低レベル放射性廃棄物埋設センター、高レベル放射性廃棄物貯蔵管理センターに係る安全協定書、細則にも盛り込むため、これらの安全協定書、細則の一部を変更する覚書案の締結を併せて申し入れることとしております。なお、この後20時30分から六ヶ所村長とともに日本原燃株式会社に対して申し入れを行います[50]」。

こうして、六ヶ所村の再処理工場で最終的な試運転（アクティブ試験）が開始されることになり、使用済み核燃料を再処理して、プルトニウムを抽出することになった。だが、それは、多くの住民にとって受け入れがたい措置であり、Xバンドレーダーの設置と合わせて、三村は歴代の知事たちが決めた国の方針を結局拒むことが出来なかったのだ。当該地域の住民の立場に立てば、補助金＝交付金は手にできるとはいえ、それは紛れもなく、三村県政の「負」の遺産＝影の一部分に他ならない。

③三村興業社と「県発注工事」

２０１０年９月30日、県議会の９月定例会において、県発注工事の入札状況をめぐって、野党民主党会派の渋谷哲一の発言につき、「不穏当な部分がある」と自民党会派が指摘した。それを契機に、本会議が６時間近く空転した。

渋谷議員は、県発注工事を高い確率で落札する特定業者を取り挙げた中で、三村知事と三村興業社との関係をついたのだ。それに自民党側が反発し、議事進行に動議をかけて審議がストップした。自民党側は議事録からの発言削除と謝罪を求めたものの、しかし、これを民主党側は拒否、継続的に協議した結果、民主党が一部削除に応じ、一方、自民党も謝罪を求めないことで合意に達し、５時半に本会議の議事を再開した。[51]

次に、この問題を詳細に見ておこう。

すでに述べたように、県議会の一般質問最終日の９月30日、民主党会派の渋谷哲一議員の質問をめぐって、本会議が５時間45分にわたって空転する事態となった。この日、質問の第一陣にたった渋谷は、県発注工事を高い確率で落札する業者について取りあげ、その際、三村知事と三村興業社との関係を指摘した。これに対して、与党の自民党会派が反発、審議が中断された。自民党側は議事録からの削除と謝罪を求めたものの、民主党側はこれを拒否、結局、民主党が折れて一部の削除に応じた。自民党も謝罪を求めないことで合意に至り、午後５時半審議を再開、９時に閉会したのである。[52]

渋谷議員は一般質問の再質問で、県発注のデータを調べたところ２００６年10月以降、百石地区水産物供給基盤整備工事で入札16件に参加し、しかも14件も落札している業者があり、「(その業者の) 大株主上

〈図表①〉三八地方県民局発注の百石地区地域水産物供給基盤整備工事の落札状況

(2008年度以降)

日付	工事番号	予定価格	落札価格	率	業者名	備考
2008.7.24	地港　第1570号	26,179,000	24,800,000	94.73%	三村興業社	○
7.24	地港　第1570-3号	14,812,000	14,050,000	94.86%	種市建業	×
8.21	地港　第1570-2号	82,544,000	76,500,000	92.68%	三村興業社	○
2009.1.15	地港　第1570-5号	94,095,238	89,000,000	94.59%	三村興業社	○
1.15	地港　第1570-4号	91,809,524	87,000,000	94.76%	三村興業社	○
5.21	繰地港第1570-6号	86,761,905	80,000,000	92.21%	三村興業社	○
7. 2	地港　第1570-3号	20,666,667	19,650,000	95.08%	川口建設	×
7. 2	地港　第1570-2号	20,285,714	19,250,000	94.89%	カネヒロ	×
7.16	地港　第1570号	143,856,000	133,000,000	92.45%	三村興業社	○
7.16	繰地港第1570-7号	149,184,000	102,500,000	68.71%	三村興業社	○
8.27	繰地港第1570-8号	43,142,857	40,800,000	94.57%	三村興業社	○
9.17	地港　第1570-6号	46,761,905	44,600,000	95.38%	柏崎組	×
9.17	地港　第1570-5号	8,923,810	8,450,000	94.69%	太洋電設	×
9.17	地港　第1570-4号	15,619,048	14,800,000	94.76%	三村興業社	○
2010.3.26	地港　第1570-10号	19,428,571	18,450,000	94.96%	種市建業	×
3.26	地港　第1570-9号	19,142,857	18,150,000	94.81%	川口建設	×
3.26	地港　第1570-8号	19,047,619	18,100,000	95.03%	カネヒロ	×
3.26	地港　第1570-7号	20,000,000	19,000,000	95.00%	山崎土建	×
8.26	地港　第1570号	168,041,000	156,000,000	92.83%	三村興業社	○
9. 9	地港　第1570-5号	22,036,000	20,400,000	92.58%	三村興業社	○
9. 9	地港　第1570-4号	19,924,000	18,900,000	94.86%	山崎土建	×
9. 9	地港　第1570-3号	19,958,000	18,560,000	93.00%	種市建業	×
9. 9	地港　第1570-2号	19,896,000	18,650,000	93.74%	川口建設	×

※東奥日報紙が入手した資料に基づき作成。○印は三村興業社入札参加物件、×印は三村興業社非指名物件。

出典：『東奥日報』2010年10月1日

位2人は、知事の身内」、だと糾弾した。事実、『東奥日報社』が9月30日に入手した、三八地方県民局発注の百石地区地域水産物供給基盤整備工事の落札資料（図表①）によれば、三村知事が株主になっている建設会社「三村興業社」（本社：おいらせ町）の過去2ヵ年の受注率は91・7％に及んでいる。しかし、県側は制度のルールに従った適正な入札であり、特殊なケースではないと、強調した。[53]

ただ、渋谷議員の発言は、来年に知事選を控えていることから、自民党および民主党両会派のさやあてだと指摘する見方も一方にあった。実際、2011年の知事選に「独自候補擁立」の目標を掲げながら、これまで三村県政との対立軸を描き切れなかったのが民主党である。そのため、９月30日に、県発注の公共工事をめぐる特定業者の受注率の高さを、三村知事の名前を挙げながら指摘した渋谷議員の一般質問についても、自民党会派は「明らかに来年の統一地方選や知事選を狙って仕掛けてきたこと、手口が悪質」などと不快感を示した。一方、民主党内からは、自民党サイドの反応について、「(知事選を見据えれば）三村知事のアキレス腱になるのだと思ったのだろうが渋谷氏の発言は間違いない」と述べ、また渋谷議員自身も「削除は非常に残念。発言は入札制度に疑問を呈したものだ」、と語った[54]。

この件については、２０１０年10月６日に行われた定例の記者会見で記者団と三村知事との間で、次のようなやり取りがあった。

「先日、県議会の一般質問の中で、知事に関連するとされる三村興業という事業所の話が出たんですが、これについてお伺いします。まず、三村興業という事業所と知事の関係、どういう関係かということ、三村興業という事業所が県発注の特定工事に関して高い落札率、受注率というものだったんですが、これについて、知事はどうお考えでしょうか」。

「まず、１点目でございますが、会社の名前は若干変わったかもしれませんが、祖父である三村泰右が、戦前にこういった仕事をしていたというふうに聞いております。戦後、いわゆる株式会社になって、亡くなった祖父から自分自身、いわゆる三村興業社としての株式を受け継いでいるという関係はございます。

それから、２点目でございますが、自分自身も百石町長以来、正直、公務に専念し、非常に一生懸命働いてきたという想いがあり、議会でもお話しましたが、県が発注する工事につきましては、県の入札発注制度に定められた規則・要領に則って、適正かつ厳正に執行されていると、自分としては考えております」[55]。

普段は切れ味の良い答弁をする三村知事の話は、やや納得がいかない。何故なら、三村興業は、祖父の泰右が戦前に創設して戦後株式会社になった建設土木業を生業とする会社で、その後、父親の輝文が継ぎ、そして、1987年に、3代目、つまり孫である申吾が受けて、自身が取締役に就任したのであろう。申吾が社長として三村興業の業務を任され、実情を一番良く知る立場にいたのだ。また、申吾が退いた後も、妻の三千代が社長に収まっていた。

図表①からも明らかなように、三八地方県民局発注の百石地区地域水産物供給基盤整備工事で三村興業の落札は異常に高く、いかに合法的であるとはいえ、常識の範囲を超えており、県議会で野党議員が問題視するのは当然だといえる。批判が高まる中で、その後三村知事は三村興業の株を手放したものの、公共事業を身内に受注させ、その利益を懐に入れたのではないかと疑われ、利益還流だと批判された[56]。

三村興業と「県発注工事」問題は、三村知事にとって、明らかに県政に残した「負」＝影の遺産の一部だったといってよいだろう。Xバンドレーダーの配置、再処理工場でアクティブ試験、および三村興業社の「県発注工事」問題などは、いずれも、三村が知事に就任した1期目から2期目の初期の段階で生じており、県政の最高責任者としてまだ対応に慣れておらず苦しい時期であった。この「負（マイナス）」を乗り越え、しかもその反省にたった上で、三村は3期目および4期目への足掛かりを築こうとしたのである。

④人口減少・流出

２０１９年６月２日、知事選で５選を果たした三村は、今後の青森県の重要課題の一つとして、人口減少を挙げていた。この問題は、全国的な構造的課題であって、何も本県だけの課題ではないにせよ、知事として真剣に取り組んでいかなければならない。この点につき、三村知事は次のように語った。

「我々青森県の最大の課題は、やはり人口減少の克服ということになると考えています。今回の選挙におきましても、今後の人口減少社会を乗り越えていくため、県民の生活の基盤となる生業(なりわい)をつくること、健康づくりや地域医療の確保など、県民の皆さま方の命を守ること、そして、次世代を育んでいくための仕組みを整えることなど、各般にわたる政策について訴えさせていただきました」[57]。

実際、青森県は人口減少社会の先頭を走っているといってよい。２０１９年５月12日に公表された総務省の２０１８年10月の人口推計によれば、青森県は前年同月比でマイナス１・22％となっており、減少率が６年連続でワースト２位だった。２０１９年３月現在の推計人口は１２５万７０８１人で、ピーク時の１９８３年から約27万人減少したという。県都の青森市がそっくり消滅した勘定で、それは、由々しき事態である[58]。

青森県は、人口の自然減と社会減の両面で、人口減少が急激に進んでいる。その中でも、特に若者の県外流出は深刻な状態であり、２０１８年３月卒の新規高卒者の県内就職率は全国ワーストの56・７％であった。多くの若者が高賃金など好条件の働き口を求めて県外に流れているが、ＵＩＪターンの受け入れ環境を整備した上で、いわゆる「人口減少社会」の中でいかに働き手を確保していくかが、今後の大きな課題となっている。[59]

こうした状況の中で、三村知事は、２０１５年の知事選挙の際に、人口減対策について「人口減少の克服は本県が直面する最大の課題です。人口減少に対する認識と効果的に考える政策を示してください」との質問に対して、次のような回答を寄せている。

「一朝一夕には克服できない課題である人口減少を克服するため、企業誘致や地場産業や観光産業の活性化、農水産業の成長産業化などの仕事づくり、県民の健康づくりや命を守る仕組みづくり、そして切れ目のない子育て支援など、あらゆる取り組みを人口減少克服のために集中させて、未来を変えるという強い意志で取り組む[60]」。

しかし、現実には効果がなかなか上がらず、先行きは依然として不透明で暗雲が立ち込めている状態にある。この問題の専門家である青森大学付属総合研究所所長の井上隆は「雇用創出が最優先」だとして、次のように指摘する。極めて正しい指摘である。

「青森県の人口減少対策は目に見えた成果が上がっていない。働き口が不足し、若者を中心とした就職希望者が仕事を求めて県外に流出している。県内の産業が依然育っておらず、就職希望者を十分に受け入れるだけの採用枠が地元企業にはない。人口減少対策として、県はＵＩＪターンなどを推進しているが、県内の就職先を確保しないことには、ほぼ無意味に終わるだろう。県外流出のような社会減対策を第一に考えねばならない。雇用の場を拡大し、県外に流れる就職希望者を県内にとどめることを最優先に考えてほしい。青森県は、県外に売り出せるような独自の地域資源を活用した商品、サービスの開発を後押しし、産業振興を強める必要がある」[61]。

確かに、人口減少・流出の問題は、何も三村県政16年の「負（マイナス）」の遺産である、というわけではない。ただ、三村知事の懸命な努力にも関わらず、大きな「影」としてのしかかっているのは、否めない。

⑤医師確保

医師確保の問題も、人口減少・流出と同様に、必ずしも三村知事の「負」の遺産というわけではない。地方の各県が押しなべて遭遇している、全国の自治体が抱えているいわば「構造的問題」である。

２００３年６月以降の三村県政の中で、医療・福祉の充実は喫緊の重要課題の一つであった。その中でも、医師の確保は一部で成果が上がっているものの、抜本的解決には程遠い状態だと、いわざるを得ない。厚生労働省は２０１９年２月、医師の充足度合いを数値化した「医師偏在指標」を初めて公表した。それによれば、青森県は全国都道府県の中で第45位、改めて医師不足の深刻さを裏付けた[62]。

実は、青森県内の医師数は増えつづけているのだという。２０１６年末には、２００４年比で約１８０人増加し、２７０２人となっている。それでは医師が増えているのに、何故、医師不足なのか？　その理由は、高齢患者の増加、医療の高度化によるスタッフ不足、および医師の地域偏在など様々な理由が挙げられる[63]。

こうした事態に対して、三村知事は、２０１９年3月の定例記者会見の席で、「地方の取り組みでは限界がある。国レベルでの（医師養成・配置の）抜本的対策が望まれる」と語った。

一方、青森県医師会副会長は、次のようにその背景を説明しており、なる程だと思う。

「医師不足、医師偏在といわれるが、昔と違って専門外は診ない医者が増えていることも一因だ。青森県内の医師数自体は増えている。ただ、地理的要因もあり、青森、弘前、八戸の3市は多いが、それ以外は少ないといった地域差がある」[64]。

医師不足を三村県政の「負」の遺産の一部であるというのは、今後、三村知事がこの問題とどのように向き合い、どのような道筋をつけるか処方箋が明確に示し得ないからだ。だから、医師不足対策の真の評価は、10年後いや20年後に結論を下されるべきなのかもしれない。

もちろん、三村知事はこれまで、何もしてこなかったというわけでない。というのも、弘前大学医学部生に経済支援を行う「医師修学資金」など地域に残る医学生を確保しながら、包括的ケアシステムの推進や医師の無料斡旋機構などニーズに合った体制を、市町村や医療機関と作り上げていく努力を重ねてきたからである。

⑥多選禁止

三村知事は２０１９年6月の知事選挙で5期目に挑戦した時に、次のように述べて、赤字財政の解消＝

行財政改革の前進こそが、知事５期目出馬への切り札だったと断言した。

「旧百石町長、衆院議員を経て、知事に初当選したのは、２００３年。県財政が危機的状況だったが、（平成）17年度以降３年連続で収支均衡を実現するまで改善した」と述べ、その上で「〃不可能に見えても、ポジティブに考えてやってきた。あの財政状況からここまで完全に燃焼したと思っていたら、もっと頑張れ、もっと働けという声をもらった〃。５選を期す理由はここにある」。それは必ずしも明白な理由とはいえない。では県民にとって、知事の多選は本当に望ましいものであろうか。(65)

２０１９年６月に行われた知事選において、無所属新人の佐原若子は４期16年の実績を誇る三村に対して、知事職の「多選禁止」論を展開、選挙戦では知事の多選の是非が争点の一つとなった感がある。(66)

立憲民主党県連代表の山内崇は佐原への支援を決めた５月10日、記者会見で三村県政について、「長期にわたる多選は県政の停滞を招く」と鋭く批判した。これに対して、三村知事の応援演説に立った参議院議員の滝沢求は、相手陣営の多選批判を意識したのか「県政が停滞していればその批判を受け止めなければならないが、この16年、県政は前進している」と訴えた。

このように、県政界の中では前例の見ない知事の５選を巡り、立候補表明時から多選批判がくすぶっていた。事実、身内である自民党県連内部からでさえ、「そろそろ後継者をつくるべきだ」との意見が一部にあった。

ただ、こうした声は大きく拡大しなかった。というのも、全県的な知名度と高い人気を誇る三村に太刀打ちできる有力な候補者が見当たらなかったからだ。今回の知事選において、選対本部長を務めた自民県連会長の江渡聡徳も「他に具体的な名前は出なかった」、と述べている。

先に述べたように、４野党から支援を受けた佐原は、県政が停滞しているとして多選批判を展開した。その反応は上々であって、佐原に投票した有権者からは「５期は長い」「（政策が）変わらない」など、長期にわたる三村県政の弊害を懸念する声が漏れたという[67]。

それでは県民は、三村知事の多選をどのように考えているのであろうか？　その答えは、大きく分けて、多選を容認する有権者と多選を批判する有権者とに分かれる。

多選容認派はいう。「ケースバイケースであり、全て多選が悪いとはいえない」。「長く首長を続けられるのは住民から信頼されているということ、抵抗はない」。

一方、多選反対派は、「長く権力の座に居座ると、大衆迎合して強いことを言わなくなってしまう。弊害は絶対に出る」、また「５期20年だと生まれてから成人式を迎えるまでずっと同じ首長になる」として「マンネリ化するし、飽きてしまう」と多選に否定的である。

確かに、多選には一長一短がないわけでない。「つまり、一方では、物事が先に進みやすくなるが、他方で、緊張感が無くなる恐れがある」からだ[68]。

しかし、ここで想起して欲しいのは、米国の事例である。周知のように、米国では戦後、連邦憲法を修正して「大統領３選禁止」条項を挿入した。それは、F・ルーズベルト大統領が４選を果たしたものの、それは正しかったとはみなされなかったのだ。英国の支配から独立する際、英国王に反対し、権力持続への反省があったからだ。また、現在、米国では多くの州（３分の２以上）で知事の多選を禁止している。それは長期政権が必ず腐敗するという弊害を経験したからに他ならない[69]。

その意味で、私自身は県知事の多選に反対である。米国のように２期８年とは言わないまでも、知事は

３期12年も務めれば十分であろう。その間に、問題が解決しないなら後継者に託すればよいではないか。

三村家は、祖父、父、および孫と３代にわたって町長、県議、知事など政治のトップに長きにわたって君臨してきた。しかし、それでは社会は停滞する。新しい水（社会）には新しい器（人材）が必要である。だから、現時点では、少なくとも三村県政５期という事態は青森県にとって、「負（マイナス）」の遺産であって、暗雲立こもる影としか言えようがない。

第4節、おわりに

以上、三村申吾知事が青森県政を4期16年の間に促進してきた政策提言を、「正(プラス)」=側面と「負(マイナス)」の側面とに、つまり光と影の部分とに分類し、それがどのような意義を有するか整理を試みた。

そこでいえることは、政策提言として「正」の部分=光に着目するならば、三村の施策は総じて成功したと言えるのでなかろうか。十分栄誉に値する知事であるというわけだ。もちろん、「負」の部分=影に目を転じれば、その結果は納得できず、ある意味で〝失政のそしり〟を免れない点もないわけでない。しかし、それについては、今後に残された課題として、知事5期目の中で鋭意努力を重ねて処理し、対応していけばよい。「最後が良ければすべて良し」という、諺があるではないか。三村は、5期目を自らの政策の最終的段階=完成時代だ、と位置づけているのかもしれない。ただ、現に県政を担当中なので、明確な判断は下せない。

最後になるが、仮に三村自身6期目も知事職を担当したいという意思があるなら、挑戦すればよい。次回の知事選は2023年6月であり、その時点でも、三村はまだ67歳である。今や、人生100年で70歳まで働くべきだというご時世で、働きたい意思があるなら出来ない相談ではない。要は、御自身の健康管理に十分注意をした上で、知事６期目も担当すればよい。だから、三村の方は「高齢・多選禁止」の批判はさらなる成果と選挙の中で跳ね除ければよい、と考えているのかもしれない。選挙の結果、勝利すれば、それを尊重するのが、いわゆる「民主主義（デモクラシー）」である。

《注》

(1)『知事室で４期目の最後の記者会見』（２０１９年４月25日）。https://www.pref.aomori.lg.jp/message
(2)同上。
(3)『第２８９回定例会提出議案知事説明要旨』（２０１７年２月21日）。https://www.pref.aomori.lg.jp/message
(4)「県政の課題　青森３期（三村申吾知事）―震災からの復興が急務」『地方行政』２０１１年６月13日号、19頁。
(5)「この人この時―青森県知事　三村申吾〝青森から日本を変える〟気概で山積する課題に全力」『東北ジャーナル』21巻９号（通算２４６号）〔２００３年９月〕、12頁。
(6)同上。
(7)塩田潮「《連載》地方のリーダーが日本を変える⒅三村申吾青森県知事―財政破綻の大危機克服へ〝黒衣に徹したこの１年　次は自らの〝ふるさと創生劇〟に挑む編集者知事〟」『ニューリーダー』第17巻９号　通算２０３号〔２００４年９月〕、33頁。
(8)「語り手11　諏訪益一（青森県議会議員・日本共産党）」『豊かな青森県政を語る―２０１８年』〔青森県政を考える会、２０１９年〕、１７５頁。共産党の諏訪益一県議は、県債務の解消に関して「大きく言えば県職員の削減や指定管理者制度の導入等でかろうじて過去の借金を解消し始めてきている、という状態です」、と指摘する（同上）。
(9)「自治体維新　首長インタビュー　青森県知事　三村申吾氏　国の原子力安全対策は厳密にチェック」『日経グローカル』Ｎｏ．１７７〔２０１１年８月１日〕、48頁。
(10)『第２９７回定例会での知事の議案提案説明』（２０１９年３月26日）。https://www.pref.aomori.lg.jp/message

(11)「県政の課題　青森4期　青森県知事　三村申吾氏―人口減克服へ雇用創出に重点」『地方行政』２０１５年６月15日号、19頁。

(12)「県、新卒雇用に特別融資」『東奥日報』２０１０年１月５日。

(13)「三村県政考19知事選―産業振興」同上、２０１９年５月11日。

(14)同上、県職員のOBはいう。「知事は数字をうまく使ってPRするのが得意。本当に大切なのは誘致した企業の数ではなく、何社が県内に根付いて事業を継続しているのか。そしてどのくらいの創業者が事業を辞めずに育っていくかだ」。御指摘の通りではある。ただ、青森県人、とくに津軽の人々は、他人の「足をひっぱる」ことが好きで、他人が目立つのを嫌う。しかし、もはやそうした悪癖は止めるべきで、良い点は褒めて助けるほうが生産的であろう。

(15)『平成31年2月26日の県議会での三村知事の議案提案説明』（２０１９年２月26日）。
https://www.pref.aomori.lg.jp/message

(16)「三村県政考―19知事選―攻めの農林水産業」『東奥日報』２０１９年５月10日。三村知事は他県に先駆けて県産品の窓口を一本化、「総合販売戦略課」を設けて改革に乗り出した。また、首都圏のショッピングセンターでは店頭に立ち、軽妙な語り口で消費者に県産品を売り込んでいる。それは、三村知事が最初であり、大手流通業トップとも積極的に会い、販路拡大に力を注いでいる。また、県産品PRのイベントでは、リンゴ柄のシャツや大間マグロのTシャツなど必ず県産品をあしらった〝衣装〟を身につけるが、それは三村流のパフォーマンスである（前掲書「自治体維新　首長インタビュー　青森県知事　三村申吾氏　国の原子力安全対策は厳密にチェック」『日経グローカル』、48〜49頁）。反論すれば、従来こうした行動にでた青森県知事は恐らく皆無であり、私が大学のテストで単位をあげるとするなら、間違いなく80点以上で「優」を差し上げたい。

(17)同上。２０１６年２月、県庁での定例記者会見の席で、三村知事は県産農林水産物の保存輸送サービス「A！・Premium（プレミアム）」について今後の目標を尋ねられた時、「今はもう伸びる、伸びる、もっと行けという思い。頑張れ、一緒にやるぞ、俺もやるぞ」と繰り返した。会見で「ぐんぐん」「ガッと」「もうずっと、攻め攻め攻め」などと身振り手ぶりを交えたり、喜びや感極まったりした感情を前に出したり、矢継ぎ早に言葉を発するのが特徴だ。しかし、記者の質問と回答がかみ合わないケースも多々ある、という（「三村県政考　19知事選―トップの発言」『東奥日報』２０１９年５月12日）。三村知事は今までにないタイプの知事であって、新しい時代には、新しい感覚を身に着けたリーダーが必要である。ただ単に、知事の行動を批判するだけでは、県の発展はありえない。

(18) 前掲書「県政の課題―青森４期―青森県知事・三村申吾」『地方行政』、19頁。

(19) 「三村県政考―19知事選―攻めの農林水産業」『東奥日報』２０１９年５月10日。２０１９年２月の記者会見の席で、県産ブランド米「青天の霹靂」の19年産作付面積が減少する見通しとなったことへの対策を問われた時、知事の答弁を聞いた記者は、「具体的な課題や目標を問われた時、多弁を駆使しつつ、本題をけむに巻いてしまうこともある。これも三村知事の発言の特徴の一つだ」、と語る（「三村県政考　19知事選―トップの発言」同上、２０１９年５月12日）。人間は誰しも、上手くいかないこともある。全てに完璧に対応することは神以外不可能だ。足のひっぱりはよくない。

(20) 「私から見た土地改良―三村申吾青森県知事に聞く」『土地改良』２９１号〔２０１５年10月〕、９頁。

(21) 同上。

(22) 「候補者の主張―７―農林水産業」『東奥日報』２００３年６月21日。

(23) 『平成31年２月26日の県議会での三村知事の議案提案説明』（２０１９年２月26日）。

https://www.pref.aomori.lg.jp/message

(24) 「19知事選―２氏の争い確定」『東奥日報』２０１９年５月17日。

(25) 「点検　あおもり―三村県政16年」『河北新報』２０１９年４月19日。

(26) 「知事選候補者アンケート（下）」『陸奥新報』２０１９年５月20日。

(27) 「19知事選　暮らしと争点　②観光振興」同上、２０１９年５月23日。『日経グローカル』の青森支局長の森晋也は、三村知事とのインタビューを終えた後で、青森県の現状を次のように伝えている。

「観光や農水産物の販売について語る三村申吾知事は冗舌だ。自信の表れだろう。事実、観光では東北で一早く震災前水準を回復。農業算出額も東北最大で、知事在任期間とほぼ重なる２００２～15年の伸び率は１９・４％増と全国一だ。だが、県全体を見ると、課題は山積している。県民所得は低く、産業では製造業の存在感が乏しい。魅力的な働き場が少ないため若者は流出し、人口減少は毎年１％超と秋田県と並んで全国ワーストだ。平均寿命は男女とも全国最低が続く（「グローカルインタビュー　青森県知事　三村申吾氏　新幹線で津軽海峡経済圏構築へ、農水産物で航空輸送、西日本は２・７倍」『日経グローカル』Ｎｏ．３１９、〔２０１７年７月３日〕、40頁）。青森県の現状について、森晋也の指摘はその通りで妥当な分析である。

(28)『平成31年4月25日、三村知事記者会見』（2019年4月25日）。https://www.pref.aomori.lg.jp/message

(29)「19知事選―暮らしと争点　⑥エネルギー」『陸奥新報』2019年5月27日。

(30)同上。

(31)「点検あおもり―三村県政16年」『河北新報』2019年4月21日。

(32)「三村県政考　19年知事選　―原子力との距離感」『東奥日報』2019年5月3日。

(33)「フォトニュース青森」『東奥年鑑　2009年版』〔東奥日報社、2008年〕。

(34)同上、89頁。『東奥日報』2008年4月25日（夕）。

(35)同上。

(36)『陸奥新報』2008年4月26日。三村知事は関係閣僚が変わるたびに、確約を順守するという国の方針を確認してきた。ただ、裏がえせば、政権や政府の方針が変化すれば、本県が最終処分地になりかねない―という危惧が存在することの証左でもある（「青森県の課題　迫る知事選　⑤完　核のゴミ」『デーリー東北』2019年5月14日）。ご指摘はその通りである。だが、用心するにこしたことはない。本県が核廃棄物の最終処分地になってはいけない。その負担は全国に散在する原子力発電所と自治体が負うべきで、青森県は日本の「トイレ」ではない。

(37)「選挙公約」平成15年6月29日執行　青森県知事選挙　『選挙の記録』〔青森県選挙管理委員会〕。
https://www.pref.aomori.lg.jp/soshiki/senkan

(38)「19知事選　暮らしと争点―⑦　完・地域包括ケア」『陸奥新報』2019年5月28日。

(39)「選挙公約」令和元年6月2日執行　青森県知事選挙　『選挙の記録』〔青森県選挙管理委員会〕。
https://www.pref.aomori.lg.jp/soshiki/senkan

(40)藤本一美『戦後青森県の政治的争点　1945年～2015年』〔志學社、2018年〕、13～15頁。

(41)『東奥日報』2006年3月31日。

(42)同上。

(43)『陸奥新報』2006年3月31日。

(44)『東奥日報』2006年3月31日。

(45)『平成18年3月30日　Xバンドレーダーの車力配置に関する三村知事の臨時記者会見』（2006年3月30日）。
https://www.pref.aomori.lg.jp/message

(46)『デーリー東北』２００６年３月31日。『東奥年鑑〈記録編〉２００７年版』〔東奥日報社、２００６年〕、１０９頁。
(47)『東奥年鑑―〈記録編〉２００７年版』〔東奥日報社、２００６年〕、１０９頁。
(48)『デーリー東北』２００６年３月29日。
(49)同上、２００６年４月１日。
(50)『平成18年３月28日、三村申吾知事のアクティブ試験に関する臨時記者会見』（２００６年３月28日）。https://www.pref.aomori.lg.jp/message
(51)『デーリー東北』２０１０年10月１日。
(52)『東奥日報』２０１０年10月１日。
(53)同上。
(54)『陸奥新報』２０１０年10月１日。
(55)『平成22年10月６日、三村知事の定例記者会見』（２０１０年10月６日）。https://www.pref.aomori.lg.jp/message
(56)藤本一美『戦後青森県政治史　１９４５年～２０１５年』〔志學社、２０１６年〕、第３部12章参照。『しんぶん赤旗』は知事が政府に核燃料再処理の継続を求めていく一方で、自らが関連する企業で再処理事業者の日本原燃から工事を受注することにより、利益を還流させている構造がある、と指摘している（『しんぶん赤旗』２０１０年10月７日）。
(57)「点検　あおもり―三村県政16年　④医療」『河北新報』２０１９年４月20日。
(58)「三村県政考―19知事選―医師確保」『東奥日報』２０１９年５月14日。
(59)「19知事選　暮らしと争点　③ＵＩＪターン」『東奥日報』２０１９年５月24日。「点検　あおもり―三村県政16年　④医療」『河北新報』２０１９年４月20日。
(60)「知事選　候補者アンケート」『陸奥新報』２０１５年５月26日。「三村県政考―19知事選―医師確保」『東奥日報』２０１９年５月14日。
(61)「点検　あおもり　三村県政16年―知事選告示まで１ヵ月　①人口減少」『河北新報』２０１９年４月17日。
(62)「点検　あおもり　三村県政16年―知事選告示まで１ヵ月　④医療」同上、２０１９年４月20日。
(63)「三村県政考―19知事選―医師確保」『東奥日報』２０１９年５月14日。
(64)「点検　あおもり―三村県政16年　④医療」『河北新報』２０１９年４月20日。

(65)「〈青森県知事選〉５選の明暗（上）　圧勝の三村氏、強固な組織　隙与えず」同上、２０１９年６月４日。
(66)「19知事選―多選評価は」『東奥日報』２０１９年５月23日。
(67)同上。
(68)同上。
(69)米国では50州の中で、36州において州知事の多選制限を州憲法で規定している。例えば、フロリダ州では州知事は連続して３選任期を禁止している〔州憲法第４編第５条ｂ項〕（三輪和宏「諸外国の多選制限の現況」『レファレンス』〔平成19年７月号〕。https://www.ndl.go.jp/jp/diet/publication/refer/200707)

結語―「三村一強」と県政の課題

2011年6月の知事選挙の時に、三村申吾はマスコミから「知事選候補者アンケート」の質問を受けた。「あなたにとって知事職とは何か」と問われて、次のように回答している。素晴らしい回答である。

「県民の皆さまの安全と安心、そして命を守り抜くという強い信念のもと、故郷青森を再生し、この国を再生すべく希望の光を掲げていく。希望の光を掲げながら、県民の皆さまと共に苦難を乗り越え、未来に向かって走り続ける。そのような仕事であると考えます[(1)]」。

すでに本論の中で述べたように、三村県政16年の足跡をたどるならば、私は次のように考えている。それは、町長、衆議院議員と7年に及ぶ助走期間を経た上で、次の段階は、ホップ、ステップ、およびジャンプの「三段跳び」だと。すなわち、知事1期目と2期目はホップで、いわば前任者である木村守男知事らの後始末の時代であった。次の3期目と4期目はステップで、三村知事の新しい政策提言ないし施策が形成・展開された時代で、そして、5期目はジャンプで、〝三村政治〟の開花・成熟の時、つまり、いわば完成時代である、と位置づけられよう。

そのように考えれば、三村県政5期への挑戦も納得がいくし、6期目（72歳）で退けば丁度よいのだと、三村本人は判断しているのかもしれない。もちろん、多くの県民から名知事の誉れを受けた形で、惜しまれて知事の座を去っていくのが望ましい。

それはさておいて、三村知事は、総合雑誌『潮』の2016年1月号に次のような一文を寄せているので、最後に紹介しておきたい。

『潮』の特集記事の中では故郷の〝青森県〟の姿が、美しい自然景観、文化遺跡と一緒に並べられており、また三村のコメントも掲載されている。その中で、知事は、〝立体観光でさらに輝く青森の魅力〟と題を付して次のように述べている。

「近年、ローカルな文化や産業への関心が、これまで以上に高まっています。青森県は、世界遺産である白神山地をはじめ、八甲田山や奥入瀬渓流などの豊かな自然に恵まれ、四季折々に風光明媚な地域です。加えて、生産量日本一を誇るリンゴや、食通の間で話題の大間マグロ、ねぶた祭りに代表される独自の習俗など、特色ある多くの観光資源を有しております。しかし、私が思う青森県の最大の魅力は、何といっても人情味あふれる県民性なのです」と誇る。そして最後に、「青森県は、観光によってさらに輝くことができると信じています。豊かな地域資源を活かすために〝人は財だ！　青森県〟と銘打って人財育成プロジェクトにも力を入れています。これからも官民一体となって、多くの方々に繰り返し足を運んでもらえる青森を目指しています」と結んでいる。[2]

三村知事の意気込みと認識について、私は何ら異論を挟むつもりはない。ただ、青森県の現状を紹介するのであれば、今や、本県には、原子力関係の施設が数多く存在しており、それらが本県の経済構造の中に、ビルトインされ、新しい観光資源の一部となっている現状も忘れてはならない。

振り返れば、青森県は小川原開発、むつ製鉄の挫折から始まって、原子力船「むつ」の行方、いわゆる「核燃料サイクルシステム施設」の建設、そして原子力発電所から排出される核廃棄物（ゴミ）の最終処理＝〝負の遺産〟をどうするのかという、極めて重い課題が県民の前に突きつけられており、われわれはその現実を決して無視することはできない[(3)]。

今日ではまた、県民は一方で、核燃料サイクルシステム施設と並んで、他方で、米軍三沢基地、車力基地のＸバンドレーダーに象徴される危険な軍事施設と隣り合わせの生活を強いられている。これらの課題もまた、今後の本県を考える場合、決して避けて通ることのできないものばかりである。その際、終始一貫して、そこに通底しているのは、「中心（中央政府）―周辺（地方政府）」との間の格差と収奪に象徴される、〝政治的・社会的構造〟に他ならない。それを打破するため、全力を尽くして邁進することが、知事5期目を担当する三村に課された任務ではないのか。

本書では、最後に現代青森県の政治状況を、具体的には、２００３年から２０１９年の期間＝16年間を対象に三村知事時代の政策提言を紹介し評価を試みた。この間に、県民は実に多くの難題に遭遇し、実際、青森県の政治・社会は目まぐるしく変動した。ただその一方で、東北新幹線の新青森駅開業、三内丸山遺跡など北海道・北東北の縄文遺跡群が世界文化遺産の指定に向け、国内候補に決まったことといった明るいニュースにも出会うことができた。それでは以上の事実を踏まえて、今後、青森県はいかなる方向に進むべきなのであろうか。私自身の考え方を紹介して、締めくくりとしたい。

第1に、東北新幹線の新青森駅開業に伴い、鉄路での東京―青森間の日帰りが可能となった。実際、青森と東京の間は僅か3時間余でもって結ばれ、東京は一段と近くなり便利となっている。他県や外国の観光客も、空・海・陸を通じて日増しに増大しつつあり、白神山地、十和田湖、弘前城、および三内丸山遺跡、並びに青森市のねぶた、弘前市ねぷた、および（世界にも通用する）五所川原市の「立佞武多」などをはじめ、本県は世界的に類を見ない自然および歴史的遺産に恵まれた地域で、今後もこうした観光資源を「史的財産（レガシー）」として、経済活性化のために大いに活用すべきである。

第2に、全国から搬入されてくる使用済みの核燃料廃棄物の処理という大問題が存在する。青森県は、これまで廃棄物を十分に受け入れてきたし、その処方箋は後世の世代のために、われわれの世代が責任をもって解決しなければならない。ただ、今後は発想を転換して、核燃料廃棄物の平和利用のため本県に（自然科学、社会科学、人文科学横断型の）『原子力平和国際大学・研究所』を設置し、世界中から研究者と学生を集めて、外国や他県の自治体の〝模範（モデル）〟になるべきである、と考える。いかがであろうか。政府と全国の（原発を抱える）自治体の支援の下で新たな事業（プロジェクト）の展開により、人口は増加し、県内の若者の雇用先を確保できる。ともすれば出遅れた感のある本県の経済的発展のため、時には〝箱物〟も必要である。三村知事も是非、一考を願いたい。

全国各地の原子力発電所から出た核燃料廃棄物については、それぞれの原発で処理・管理してもらいたい。何故なら、自分で出したゴミは自分のところで処理すべきが筋であるし、どのような地震にも対応できる完全な設計の下で建設されたのであれば、そこを、核廃棄物の最終処理場にすれば、安全でかつ便利であるし、費用も安く済むのではなかろうか。

第3に、青森県の政治の行方である。確かに、政治、とくに選挙では、長らく保守王国が健在であり、「野党勢力」の基盤は弱体である。いわゆる「市民連合」など民主勢力が根づくにはまだ時間がかかりそうである。その一方で、不正事件や選挙違反（〝津軽選挙〟）も絶えることはないだろう。それが、政治の世界の現実である。ただ、選挙権が18歳まで拡大した今こそ、若者への政治教育を促進し、小学生の時代から、政治の現場を見せて、現実政治の実態を説明してやるのがわれわれ大人に残された責務であろう。県政の最高責任者たる三村申吾がその先頭を切ってキャラバン・チームを編成し、（百石町長時代のように）子供たちに政治教育を実践して欲しい。それが知事のいう「人財育成」に繋がるし、本県の社会的発展と政治の「民主化」への早道である。私自身も政治学者の端くれとして、これには全面的に協力していく所存である。それが、言い出した者の責任でもある。私が立ちあげた『みちのく政治学会』の設立と「西北五市民大学・ゼミナール」の活動がその一部である。

故郷を離れて50年以上経過した現在、毎月1回の割合で五所川原市の実家に滞在し、戦後青森県政治の研究に勤しんでいる。むろんそれだけで、本県の政治的実態を正確に知りうるとはいいがたい。だが、一定の距離を置いて外部から眺めた場合の方が、青森県の置かれた現実と状況をより客観的に把握できることもある。

最後の最後に一言。私は、三村申吾を一人の政治家として眺めた場合、イデオロギー的立場を次のように認識している。つまり、三村は、従来に類を見ない「革新的保守主義」の政治家であって、決して実業家ではないと。ここでいう、革新的保守主義とは、根の部分は保守であるものの、政策実行の面では、常に新しいものを提示し、それを実現していく姿勢である。これと対局的な位置にあるのが、「保守的革新主義」である。過去の栄光に胡坐をかき、現状維持で満足し、新しい政策提言に欠ける姿勢に他ならない。

県民を対象として『郷土に関する意識調査』が実施された。それによれば、青森県に対するイメージは、２００１年に行った調査に比べて、「貧しい」、「閉鎖的」、および「暗い」といったマイナス面が大幅に低下した一方で、「快適」、「豊か」、「安全」、および「親しみの持てる」といったプラス面が上昇する結果となった、というではないか。あるいは、「三村一強」時代に突入して、その実績を目にした県民の多数が本県への帰属意識を高めたわけではあるまい(4)。

《注》

(1)「知事選候補者アンケート」『東奥日報』２０１１年5月21日。

(2)『潮』２０１６年1月号〔潮出版社、２０１５年12月〕、１４３、１４４頁。

(3)三村知事は、２０１５年9月に招集された第２８３回定例会において、むつ小川原開発と、核燃料サイクル施設に関する質問に対して、次のように答弁している。

・「むつ小川原地域には重要なエネルギー関連企業や研究施設が立地しているが、この地域のポテンシャルを最大限生かし、成長産業の立地と研究開発拠点の整備による〝科学技術創造拠点の形成〟を目指す」。

・「原子力発電及び核燃料サイクル施設が我が国を支える重要な国家戦略であるとの認識の下、安全確保を第一義に協力していきたい。県としては核燃料サイクル政策が破綻しているとは考えていない。国においては、これまでの立地地域の協力関係を十分に踏まえ、当面する課題を一つ一つ解決しながら、長い目で責任を持って取り組んでいただきたい」(『あおもり県議会だより』第1号〔青森県議会、２０１５年9月〕、6、10頁)。

(4)「青森県の現状を県民はどう受け止めているか―「県民の意識に関する　調査結果の概要」を読む」『２０１９年

憲法を生かす青森県を実現するための基本政策と課題』(青森県政を考える会、２０１９年)、１１２頁以下参照。意識に関する調査結果の冒頭で、「青森県民は〝新鮮で安全な食品が買えること〟、〝豊かな自然やきれいな水と空気が保たれていること〟に強い充足感があり、約6割が〝暮らしやすい〟と感じ、約7割が県内に住み続けたいと考えています」とある(同上、１１３頁)。しかし一方で、「住みよさランキング」や「47都道府県幸福度ランキング」を拝見すると、青森県はいずれも下位に属している(同上)。それは何故か、即座に断定はできないが、県民は生活面では保守的で現状維持で十分である、と認識しているのかもしれない。その判断は難しい。

あとがき

本書は、私が青森県知事である三村申吾に関して、この2年あまりの間、各種の雑誌に投稿してきたものに手を入れて、一冊に仕上げたものである。だから、純然たる伝記の類ではないことをお断りしておきたい。そのため、内容が重複している点が散見される。

ところで、青森県の共産党は常時、県議会で2名から3名の当選者を出しており、県政で革新的リベラルの立場を代表している政党として一定の政治的役割を果たしてきた。普段は、知事に対して敵対的姿勢を鮮明にしている共産党である。だが、その共産党会派議員の諏訪益一が、三村知事の主張と行動を褒め称えている。「知事のいいところが一つだけある」、といって三村の肩をもっているのだ。

「知事は、全国の渉外知事会の副会長をやっているのです。……この渉外知事会が、（日米）地位協定を抜本的に見直さないとだめだ、と」。それを拝見して、私は三村のイデオロギー立ち位置が、いわゆる「革新的保守主義」なのではないかと、改めて憶測を豊かにした。そうした立場を基盤に、三村知事は多くの政策提言を行っており、しかもその中身は盛沢山で新しく、生命力に溢れている。今後、青森県では、このようなタイプの知事は当分出現しないのではないのか（「語り手11　諏訪益一（青森県議会議員・日本共産党）」『2018年　豊かな青森県政を語る』〔青森県政を考える会、2018年〕、183頁。諏訪議員はこの中で、知事の治世を判断する基準として、国＝政府の政策に同調しないで、独自色をだすことと、住民の目線で政策提言をする2点を挙げているが、私は三村知事がかなりこの基準を満たしていると考える）。

本書を執筆していて気になったことが一つある。結局のところ、本書は三村申吾のためのいわば「宣伝文書（プロパガンダ）」になっているのではないのか（!・）。そこで、本書では、最後に三村県政4期16年の「正」＝光と「負」＝影の遺産とにあえて分けて、検証を試みた。本書では、できるだけ公表された資料に依拠しつつ、三村の知事としての全体像を抽出するように心がけたつもりだ。ただ、それが成功したか否かの判断は、読者に委ねることにしよう。

それはさて置くとして、一人の人間として三村申吾を眺めた場合、彼はかなり「現実主義者（リアリスト）」である、と思った。いわゆる、前例や固定概念にとらわれない柔軟な精神と行動力の持ち主である。戦後6人の民選知事たちの行動を大きく分ければ、理論を重視する「理念型タイプ」と実践的行動を重視する「現実型タイプ」があるが、三村の場合、その両方を身に着けている、稀有な例である。それが、あるいは知事5選を裏から支えている「エトス」なのかもしれない。ただ、次回の知事選では、間違いなく「高齢・多選」批判が生じるであろうし、それは避けられない。飛ぶ鳥跡を濁さず、引退の日を迎えて欲しいと望んでいるのは、たぶん私だけではあるまい。

本書は、私にとって、青森県政治研究の7冊目にあたる。専修大学を定年で引退してこの6年あまり、戦後青森県政治研究のための「資料作り」に励んできた。今後も、ボケの進行が少なければ、命の続く限り研究に励む所存である。次回は『衆議院議長・大島理森』や『戦後青森県の市長選挙と歴代市長』に取り組む予定である。

本書の出版は、弘前市の『北方新社』に依頼することになった。かたぐるしい学術書の類の出版を快く引き受けてくれた木村和生社長、いつも笑顔で接してくれる優れた編集者の工藤慶子さん。有難う御座います。感謝の気持ちで一杯であり、この場を借りて、一言御礼の言葉を述べさせていただきます。

参考文献

・『平成4年3月9日　百石町第412回　議会定例会会議録』〔青森県上北郡百石町議会、1992年3月〕
・「三村申吾」『アサヒグラフ』〔1993年1月15日号〕
・「この人この時　〃青森から日本を変える気概で　山積する課題に全力〃　青森県知事　三村申吾氏」『東北ジャーナル』21巻（9号）、通算246号〔2003年9月〕
・「グラビア—三村申吾」『文芸春秋』第72巻（1号）〔1994年1月〕
・塩田潮「《連載》地方のリーダーが日本を変える（18）三村申吾　青森県知事—財政破綻の大危機克服へ　〃黒衣に徹したこの1年　次は自らの〃ふるさと創生劇〃に挑む　編集者知事〃」『ニューリーダー』第17巻（9号）通算203号〔2004年9月〕
・「フォーラムインタビュー　三村申吾　青森県知事—なぜ、われわれは核燃サイクルを受け入れるのか」『エネルギーフォーラム』〔2005年2月号〕
・「列島縦断『潮流』　下水汚泥資源に循環型社会へ　対談　青森県知事　三村申吾氏　vs　国土交通省下水道部長　谷戸善彦氏」『水道公論』第41巻（2号）、通算488号〔2005年12月〕
・「首長に聞く　青森県　三村申吾知事—生活創造推進プランで健康づくりの環境整備、仕組みづくり目指す」『月刊　地域保健』第37巻（5号）〔2006年5月〕
・「Interview　エネルギー政策は確固たる戦略で進めてほしい　三村申吾　青森県知事」『エネルギーフォーマル』

第52巻（通算625号）〔2006年11月〕

・「この人この時　〃地域力を結集し、新しい青森の創造へ〃　青森県知事　三村申吾氏」『東北ジャーナル』〔2007年8月〕

・「知事と語る　三村申吾—世界が注目する青森県のエネルギーモデル」『Womens Voice』〔第2巻（3号）通算7号〕、2008年1月

・「期待は三つ、〃交流人口増〃〃経済効果〃〃イメージ向上〃です　青森県知事　三村申吾氏」『国土交通』第105号〔2010年10月—2010年11月〕

・「地方主権へのVision 23　権限・財源・人材がそろった元気な青森県に　三村申吾青森県知事」『ガバナンス』第118号〔2011年2月〕

・「県政の課題　青森3期—震災から復興が急務　青森県知事　三村申吾」『地方行政』〔2011年6月13日号〕

・「自治体維新　首長インタビュー　青森県知事　三村申吾氏　国の原子力安全対策は厳密にチェック」『日経グローカル』No．177〔2011年8月1日〕

・「Interview あれ?と驚く技術で青森から次の産業を興す　三村申吾氏　青森県知事」『日経エレクトロニクス』〔2012年4月14日号〕

・「県政の課題　青森4期—人口減克服へ雇用創出に重点　青森県知事　三村申吾氏(59)」『地方行政』〔2015年6月15日号〕

・『青森県議会だより』第1号（青森県議会、2015年9月）

・「私から見た土地改良—三村申吾青森県知事に聞く」『土地改良』第291号〔2015年10月〕

・藤本一美「三村申吾・知事（２００３年〜）」『戦後青森県政治史　１９４５年〜２０１５年』（志學社、２０１６年）
・『豊かな青森県を実現するために２０１６年』（青森県政を考える会、２０１６年）
・『豊かな青森県政を語る　２（２０１７年）』（青森県政を考える会、２０１７年）
・「グローカルインタビュー　青森県知事　三村申吾氏　新幹線で津軽海峡経済圏構築へ、農水産物で航空輸送、西日本は2・7倍」『日経グローカル』Ｎｏ．３１９（２０１７年7月３日）
・藤本一美『戦後青森県の政治的争点　１９４５年〜２０１５年』（志學社、２０１８年）
・『豊かな青森県政を語る　３（２０１８年）』（青森県政を考える会、２０１８年）
・『２０１９年　憲法を生かす青森県を実現するための基本政策と解説』（青森県政を考える会、２０１９年）
・『青森県議会だより』第15号（２０１９年5月）
・『東奥年鑑』（２００４年版〜２０１９年版）
・『東奥日報』
・『陸奥新報』
・『デーリー東北』
・『河北新報』
・『朝日新聞　青森版』
・『毎日新聞　青森版』
・『読売新聞』

・『三村申吾オフィシャルサイト』 http://www.gogo-shingo.jp/prof.html
・『ようこそ知事室へ』 https://www.pref.aomori.lg.jp/message
・『選挙の記録』 https://www.pref.aomori.lg.jp/soshiki/senkan
・『国会会議録検索システム』 http://www.shugiin.go.jp/internet/index.nsf/html/index.htm

〈資料①〉「青森県行政機構」（２０１９年４月１日現在）

知事

副知事

総務部

財政課、秘書課、人事課、行政経営管理課、総務学事課、税務課、市町村課、工事検査課、東京事務所、公文書センター

企画政策部

企画調整課、交通政策課、地域活力振興課、広報広聴課、情報システム課、統計分析課、世界文化遺産登録推進室、国民スポーツ大会準備室

環境生活部

県民生活文化課、青少年・男女共同参画課、環境政策課、環境保全課、自然保護課、環境保健センター、消費生活センター

健康福祉部

健康福祉政策課、がん・生活習慣病対策課、医療薬務課、保健衛生課、高齢福祉保険課、こどもみらい課、障害福祉課

保健所［東地方・弘前・三戸・五所川原・上十三・むつ］、福祉事務所［東地方・中南地方・三戸地方・西北地

方・下北地方・上北地方〕、動物愛護センター、食肉衛生検査所〔十和田（三沢支所）・田舎館〕、女性相談所、子ども自立センターみらい、児童相談所〔中央・弘前・八戸・五所川原・むつ・七戸〕、障害者相談センター、あすなろ療育福祉センター、さわらび療育福祉センター、精神保健福祉センター

商工労働部

商工政策課、地域産業課、産業立地推進課、新産業創造課、労政・能力開発課

県外情報センター〔大阪・名古屋・福岡〕、高等技術専門校〔青森・弘前・八戸工科学院・むつ〕、障害者職業訓練校

農林水産部

農林水産政策課、総合販売戦略課、食の安全・安心推進課、団体経営改善課、構造政策課、農産園芸課、りんご果樹課、畜産課、林政課、農村整備課

水産局

水産振興課、漁港漁場整備課

県土整備部

監理課、整備企画課、道路課、河川砂防課、港湾空港課、都市計画課、建築宅地課

青森空港管理事務所

危機管理局

防災危機管理課

消防保安課

消防学校
原子力安全対策課
原子力センター
観光国際戦略局
観光企画課、誘客交流課、国際経済課
県立美術館
エネルギー総合対策局
エネルギー開発振興課、原子力立地対策課
ITER支援東京連絡事務所
地域県民局〔東青地域県民局、中南地域県民局、三八地域県民局、西北地域県民局、上北地域県民局、下北地域県民局〕
会計管理者　出納局
会計管理課、財務指導課
県土整備部
整備企画課
八戸工業用水道管理事務所
病院事業管理者
病院局

運営部
中央病院、つくしが丘病院
教育委員会
教育庁（事務局）
教育政策課、職員福利課、学校教育課、教職員課、学校施設課、生涯学習課、スポーツ健康課、文化財保護課、
高等学校教育改革推進室
総合学校教育センター、図書館、少年自然の家、総合社会教育センター、郷土館教育事務所［東青・西北・中南・上北・下北・三八］、埋蔵文化財調査センター、三内丸山遺跡センター
公安委員会
青森県警察本部
選挙管理委員会—事務局
人事委員会—事務局—職員課
監査委員—事務局—第一課、第二課
労働委員会—事務局—審査調整課
収用委員会
海区漁業調整委員会［西部・東部］—事務局
内水面漁場管理委員会

公営企業

出典：https://www.pref.aomori.lg.jp/kensei/shokuin/soshiki.html

〈資料②〉「生活創造社会の実現に向けた基本計画の歩み」

青森県では、２００４年（平成16年）に策定した「生活創造計画推進プラン」以降、「生活創造社会」の実現をめざし、社会経済環境の変化に合わせて進化させながら、取り組みを進めてきました。

①２００４年～２００８年（平成16～20年度）

生活創造推進プラン

～暮らしやすさのトップランナーをめざして～

本県がめざす将来像として「生活創造社会（暮らしやすさではどこにも負けない地域づくりをめざすこと）」を掲載しました。「生活創造社会」の実現に向けて「自立する人づくり推進プロジェクト」「しごと空間創造プロジェクト」『攻めの農林水産業』総合販売戦略プロジェクト」など、重点的推進10本プロジェクト「わくわく10（テン）」を設定し、集中的に取り組みを展開しました。

②２００９年～２０１３年（平成21～25年度）

青森県基本計画未来への挑戦

～情熱あふれるふるさと青森づくり～

県民一人ひとりの経済的基盤を『生業（なりわい）』と表し、『生業』に裏打ちされた豊かな『生活』が実現している社会」を、2030年における『生活創造社会』の姿として掲げました。

政策・施策の「選択と集中」を実現するため『戦略キーワード』を設定し取り組みの重点化を積極的に進めました。地域の経済自立に向け、県内6地域県民間圏域ごとに地域別計画を策定し、地域の特性を生かした取り組みを進めました。

③2014年～2018年（平成26～30年度）
青森県基本計画未来を変える挑戦
～強みをとことん　課題をチャンスに～

2013年の「生活創造社会」の具体像として「世界が進める『青森ブランド』の確立」へ『買ってよし　訪れてよし　住んでよし』の青森県を掲げました。

各分野に共通する本県の強みや課題に横断的に取り組み、相乗効果を生み出すため「人口減少克服プロジェクト」「健康長寿プロジェクト」「食でとことんプロジェクト」の3つの「戦略プロジェクト」を設定し、取り組みの重点化を図りました。

出典：https://www.pref.aomori.lg.jp/soshiki/kikaku/kikaku/files/keikaku_2019_s.pdf

〈資料③〉「多選知事の現状」

全国知事会によると、全国47都道府県知事のうち、４期以上務めている知事は２０１７年７月13日現在、13人を数える、という。このうち、６期目が橋本昌茨城県知事と谷本正憲石川県知事の２人、５期目が井戸敏三兵庫県知事１人だ。

４期目は高橋はるみ北海道知事、三村申吾青森県知事、福田富一栃木県知事、上田清司埼玉県知事、石井隆一富山県知事、西川一誠福井県知事、古田肇岐阜県知事、山田啓二京都府知事、飯泉嘉門徳島県知事、および広瀬勝貞大分県知事の10人。

多選知事は10年前が７人で、２０１２年末に一時、２人まで減っており、増加傾向が強まっている。２０００年代には、片山善博鳥取県知事（当時）ら改革派と呼ばれた知事が相次いで2～3期で退任したものの、近年はそういうケースも少なくなった。

多選で在任期間が長くなれば、当然、知事の年齢も高齢化する。現職の最高齢は広瀬大分県知事の75歳。西川福井県知事、荒井正吾奈良県知事、谷本石川県知事が72歳で続き、井戸兵庫県知事も８月に72歳を迎えた。

公選制になって以降、過去の知事で最も当選回数が多いのは、奥田良三奈良県知事（在任１９５１～１９８０年）、中西陽一石川県知事（１９６３～１９９４年）の８選。それに次ぐ7選は蜷川虎三京都府知事（１９５０～１９７８年）である。橋本茨城県知事は８月の知事選で7期目に挑戦した。

出典：「増える「多選知事」８月に７期目に挑戦する知事も」（Zuu online）２０１７・７・15
https://zuuonline.com/archives/162222

〈資料④〉「三村申吾知事の支持率と不支持率」

『朝日新聞』が２００４年７月と２００７年７月に実施した世論調査によると、三村申吾（１期目）の支持率と不支持率は次の通りで、３年後に15％上昇、全国で第４位となっていた。

調査日	支持	不支持
２００４年７月４日	55％	19％
２００７年７月21日	70％	13％

出典：「都道府県知事の支持率不支持率」
https://plaza.rakuten.co.jp/heiwatou/diary/200707210000

一方、『デーリー東北』が２０１０年５月27日～29日に実施した「青森県知事選」の世論調査では、三村県政を「大いに評価する」は20・２％。「ある程度評価する」は60・３％で合わせて80・５％に達し、「あまり評価しない」「全く評価しない」の16・４％を大きく上回っていた。

２００７年の知事選、２０１０年の参院選でも、評価するが80・１％、74・４％に達しており、三村県政が安定して支持されている様子がうかがえる、としている。

その際、知事に求められるものを二つ挙げてもらったところ、「将来を見誤らない見識」が46・５％、「強いリーダーシップ」が41・4%、および「政策立案能力」が20・5%を占め、有権者の多くが知事に明確なビジョンと力強い指導力を期待していることが明らかになった。

出典：「青森県知事　世論調査」『デーリー東北』２０１０年5月30日。

初掲載誌一覧

第一章、藤本一美著「三村申吾・知事（2003年〜）」『戦後青森県政治史 1945年〜2015年』（志學社、2016年）
第二章、書き下ろし
第三章、「町長時代の三村申吾」『臨床政治研究』第10号（2019年12月）
第四章、書き下ろし
第五章、「知事選挙」『専修法学論集』136号（2019年11月）
第六章、書き下ろし
第七章、書き下ろし
第八章、「青森県知事・三村申吾16年の検証」『専修大学社会科学年報』第56号（2020年3月）

索引（人名）

ア行

カ行

サ行

タ行

ナ行

索引（事項）

ア行

カ行

サ行

タ行

ハ行

マ行

藤 本 一 美（ふじもと かずみ）

1944年 青森県五所川原市生まれ
1962年 青森県立弘前高校卒
1968年 明治大学農学部農芸化学科卒
1973年 明治大学大学院政治経済学研究科
博士課程修了
1973年 国立国会図書館 調査員
1993年 専修大学法学部教授
専攻 政治学
現在 専修大学名誉教授、日本臨床政治学会理事長
著作 『青森県の初代民選知事 津島文治 －「井戸塀政治家」の歩み』
〔北方新社、2018年〕
『戦後青森県議会議員選挙と正副議長』
〔北方新社、2019年〕他多数

住所 279－0012
千葉県浦安市入船２－５－301
Email thj0520@isc.senshu-u.ac.jp

青森県知事　三村申吾
―長期政権の「光」と「影」―

2020年３月31日発行
著者 藤本一美
発行所 ㈲北方新社
弘前市富田町52 電話 0172－36－2821
印刷所 ㈲小野印刷所
ISBN 978－4－89297－270－6 C0031